增补

21世纪

国富论

[日]原丈人 ◎ 著

裴宏 陈咏梅 等译

国家行政学院出版社

图书在版编目（CIP）数据

增补 21 世纪国富论/（日）原丈人著；裴宏等译. -- 北京：
国家行政学院出版社，2022.6
ISBN 978-7-5150-2484-4

Ⅰ.①增… Ⅱ.①原… ②裴… Ⅲ.①古典资产阶级－政治经济学－研究
Ⅳ.①F091.33

中国版本图书馆 CIP 数据核字（2020）第 179350 号

ZOUHO 21SEIKI NO KOKUFURON
by George HARA
Copyright © 2013 George HARA
All rights reserved.
Originally published in Japan by HEIBONSHA LIMITED, PUBLISHERS, Tokyo
Chinese (Simplified Chinese character only) translation rights arranged with
HEIBONSHA LIMITED, PUBLISHERS, Japan
through Japan Uni Agency
简体中文版权归属于国家行政学院出版社
版权登记号图进字：01-2020-5425

书　　名	增补 21 世纪国富论	
	ZENGBU 21SHIJI GUOFULUN	
作　　者	（日）原丈人　著	
译　　者	裴　宏　陈咏梅　等译	
责任编辑	刘韫劼	
出版发行	国家行政学院出版社	
	（北京市海淀区长春桥路 6 号　100089）	
综 合 办	（010）68928887	
发 行 部	（010）68928866	
经　　销	新华书店	
印　　刷	北京盛通印刷股份有限公司	
版　　次	2022 年 6 月北京第 1 版	
印　　次	2022 年 6 月北京第 1 次印刷	
开　　本	170 毫米×230 毫米　16 开	
印　　张	16	
字　　数	201 千字	
定　　价	70.00 元	

本书如有印装问题，可联系调换，联系电话：（010）68929022

目　录

前　言

　　读者诸君应该还清晰地记得因美国次贷市场崩盘而引发的、危及了全球的金融危机吧。那场危机正好发生在 2007 年夏天，与我《21世纪国富论》初版发行的时间很接近，因此有不少那本书的读者很惊讶地向我表示："原先生在书中所写，真的在现实中发生了。"读者有这样的反应，也不算是太奇怪的事情吧。

　　其实，我不是评论家也不是经济学者，既没想写"预言"，也没有打算做"预测"。

　　我早在 2003 年就发出过警告："美国的资本主义模式，有可能把一切对社会有益的企业推向深渊。"（2003 年 3 月 6 日刊发的《读卖新闻》）所以，对我来说，次贷危机的出现，不过是"注定会发生的事件"。

美国没有反省

我在本书中反复强调：如果接受"企业仅为股东之所有"这一前提，那么股东就会要求以最快的速度提高企业价值，而公司的经营团队也不得不接受这个要求。其结果是，企业的价值被局限于市价总值，也就是"股票的市价×股票发行数"这一简单的数字，而企业经营团队则将"尽快提高股票市值"作为最高使命。因此，所有人都在热衷于如何快速提高与股价关联密切的经营指标，比如 ROE（净资产收益率）。

试问，效率最高的、最极致的生意是什么呢？如果对这个问题穷诘到底的话，其答案最终可能是"以钱生钱"和"把金钱自身作为商品"的投机型的金融业了吧。金融业原本应该是作为支撑其他实业的"幕后的力量"，但是不知从什么时候开始，它出现在前台，成为了经济的主角。

虽然有钱能生钱的说法，但是作为整体来看，这一过程中并没有增加任何价值。举例而言，是参加游戏的 100 个人中，有一个人抢走了其他 99 个人的金钱。在这种投机行为中，某人获取的利益一定是其他人损失的金额，这是所谓的"零和游戏"，而不是从本质上提高人们生活水平的经济行为。

我从 20 世纪 70 年代前半期开始就生活在美国，一直在观察美国的变化，对于金钱游戏越来越严重的社会可能会发生什么状况是非常清楚的。在 1976 年的统计中，美国前 1% 的高收入人士的收入总和占全体美国人总收入的 9%，而这一数字在 2011 年上升到了 20%［数据来源于以马内·萨尔兹（Emmanuel Saez）和托马斯·皮凯蒂（Thomas Piketty）合著的《合众国的收入不均衡——从 1913 年到 1988 年》及下面网站的公开数据 http：//elsa.berkeley.edu/-saez/］。不仅是收入，如果我们比照一下拥有财富的总额，会发现其差距更为明显。根据爱德华·沃尔夫（Edward Wolff）做的那个著名的调查显示，拥有美国资产（包括房地产）最多的前1%的富人所拥有的资产，在2010年已经超过了所有美国人拥有的总资产的35%。

贫富差距的急速扩大，仅看这组数字就可以明白了。金融机构把次级抵押贷款债券化后推向金融市场，而购买这样的债券且受到最大损失的是那些中产阶级和一般大众；那些因没有能力继续支付贷款而只得放弃住宅的人，基本也属于同一个社会阶层。而那些设计这场金钱游戏，并让市场白热化的金融家们却完全没有受到任何损失，当然也不会有反省的理由。

遭遇了严重金融危机的美国，在其后的奥巴马政权采取了什么改革措施呢？我一直在仔细地观察，想看看民主党是否会改变共和党政权一直坚持的以金融为中心的经济发展模式，遗憾的是，我似乎没有看到改变。

抢购"垃圾债券"的各国中央银行

次贷危机发生后，作为美国中央银行的联邦储备银行（FRB）的资产迅速膨胀了3倍，在2013年2月突破了3兆美元。在此期间，美联储购买了大量的长期国债以及企业发行的公司债券及CP（commercial paper，短期商业票据），甚至还有住房抵押贷款债券（MBS）。那其中有很多就是在产权含混状态下被债券化的，即所谓"垃圾债券"（junk bond）。

美联储在积极购买这些债券的同时，也在大量印刷钞票。它的想法应该是：如果坚持上述操作，那么总会有一天发生通货膨胀，而自身持有的不良资产就会得到化解。可是，当到了这一步，作为世界基准货币的美元，以及美国国债的信誉又会发生怎样的变化呢？当然，美联储的做法可以在一段时间内提升股价,并起到"感觉市场景气有所好转"的效果(如图 1)。

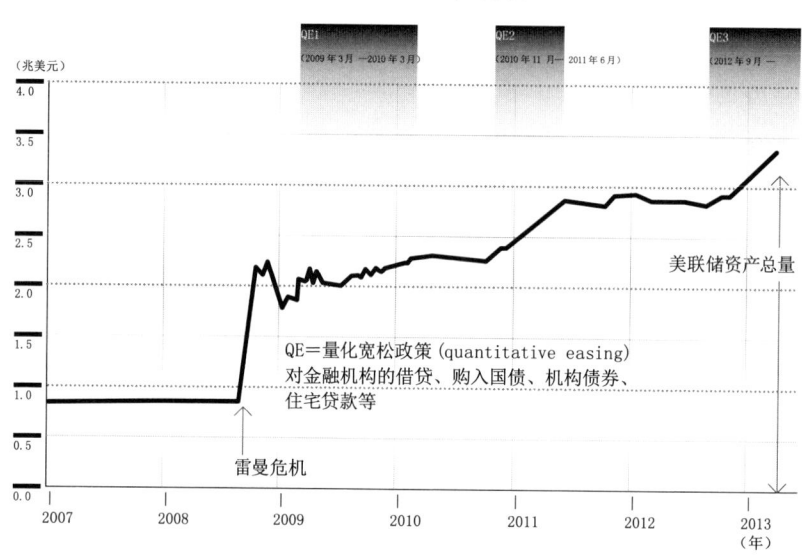

图1　美联储资产的变化

在欧洲,欧洲央行(ECB)也在购买巨额的国债和 MBS。与美联储相比,欧洲央行的速度略有迟缓。即便如此,到了 2012 年,欧洲央行的总资产也达到了 2007 年的 2.5 倍。与美国和欧洲相比,对于量化宽松政策并不积极的日本,在 2012 年诞生的安倍政权的主导下,日银*采取了更加积极的量化宽松方针,以超越以往数倍的金额和速度在债权市场购买国债。这样做的结果大家已经看到了,那就是在 2013 年年初开始的日元走低和日本股市的上涨。

但是,不通过实体产业创造出对人们有意义的新价值,是不可能真正

---

* 日银为日本银行简称,是日本中央银行。——译者注

改善景气度的。同时，不通过实业也不可能提高劳动人民的实际工资水平。我一直认为，这种利用金融手段推动经济前进的方法是有局限性的。给市场提供大量的资金，固然可以引发新的金钱游戏，但这终究不能成为催生新的骨干产业的力量。

对投机商人而言，所谓的"安倍经济学"，只不过是为他们提供了在短期内获得收益的手段。通过他们的操盘，日本的股价在短时间内时而上涨时而下跌，但说到底终归还是"零和游戏"，能获得利润的不过是少数的投机商人。在游戏的后期加入进来的不论是企业还是个人，都会遭受损失。

回归资本主义原点的"公益资本主义"

在全世界频繁出现的金融危机已经明白地揭示：以"企业仅为股东之所有"的观点为根基的美国式资本主义模式，有可能把所有对社会有益的企业都推向深渊，而且，不论我们如何修改规则，同样的问题还是会反复出现。之所以这么讲，是因为通过在英国及亚洲发生的货币危机已经可以看出，投机商人效率最高的挣钱手法就存在于可能违背社会伦理但是不会违反法律的"无限接近黑色的灰色领域"当中。面对这样的现实，是不是已经到了必须用我们自己的力量重新创造资本主义模式的时候了？这是我通过本书向大家提起的一个重要问题。

每当谈及以建立新架构和新理念来替代现行的资本主义时，就会有很多人问：那将会是完全不同于资本主义的制度吗？在这里我要声明：不论面临何种重大的危机，我都不会否定资本主义自身存在的意义。我所提出的方案，都是在被称为资本主义的这个大范围内才能得以实现的架构及价值观。

企业绝不仅仅归股东所有，它是包括员工、客户、供货商、周边区域，甚至涵盖地球整体的一切利益相关者（stakeholder）共同所有的。我很高兴地看到，以金融危机为契机，不仅在日本，而且在世界各地有很多人开始重新审视有关企业属性的这一观点。但是，作为欧美主流的理论经济学，依然以"难以数量化"为由，持续忽视企业对员工及周边社区的作用和贡献度。

在本书出版以后，我就把我提倡的、用以替代"股东资本主义"的新型资本主义的模式命名为"公益资本主义"（public interest capitalism）。为了组织更有力的学术观点来说服那些理论经济学者，我在 Alliance Forum 基金会*内设置了研究部门，用以研究和论证我的想法。在本次的改版发行中，我会试着加强有关学术观点的论证。

说到底，资本主义也好，企业也罢，都是为了让人们能够更加幸福地生活而出现的。所以，与其说"公益资本主义"是一个全新的概念，不如说是要回归到资本主义的原点，重新审视"企业是什么""幸福是什么"。在现今的社会，所有人都沉迷于快速致富，虽然只有极少一部分人能够成功斩获巨额财富，其代价却是让民众整体丧失了对彼此的信任。这种社会状况到了必须改变的时候了。

值得庆幸的是，在日本有很多的企业经营者和我有同样的想法。而且，日本还拥有因长期专注于制造业而得以积累的技术能力。如果以此为基础，积极地进行中长期的研究开发，就能够创造出非常优秀的产品和服务。我确信，日本有足够的能力可以创造出新的骨干产业，从而替代现行的以计算机为中心的 IT（信息技术）产业。

---

* 这是作者成立的基金会，在本前言结尾处有详细介绍。——译者注

iPhone 和 iPad 象征计算机时代的终焉

我觉得，本书是给日本指示了前进方向和宏观战略的建议书。

我在本书第二章所写的有关新时代骨干产业 PUC（pervasive ubiquitous communications）的理念，曾引发了很大的反响。

2007 年我在书里写道："PC 机* 的时代还有十几年就会迎来终结""在信息通信领域，PC 机作为端口的作用不久即将结束"等，目前看来现实正在一步步验证我预测的准确性。

苹果公司销售的 iPhone 和 iPad 在全世界都受到欢迎，这表明智能手机和平板终端已经深入一般大众的日常生活，所以很多读者都对我说："原先生在书里所写的正在变成现实呀。"其实，我从 20 世纪 90 年代就已经开始寻找有能力成为下一代骨干产业支柱的新技术，并为其研发和推广进行投资。所以就我的角度而言，iPhone 和 iPad 绝不是新时代的产物。相反，我认为这样的产品不过是舞台布景，用来装饰"以计算机为中心的 IT 时代"的最后演出。

当然，如果仅从一般角度来看，iPhone 和 iPad 的外观是符合我提出的 PUC 理念的（渗透到生活中的 pervasive，无所不在的 ubiquitous，通信功能 communications）。iPhone 和 iPad 外观漂亮、操作便捷，是设计简洁、很能让人动心的用户端，同时，它们可以让人体会到各种现有的技术被巧妙地融合在一起。但是，iPhone 和 iPad 所使用的技术终归是计算机时代的"核心技术"，其中没有任何一项是能够创造新的骨干产业，甚或改变社会和文化形态的新技术。

---

* PC 机，即个人计算机（personal computer）。——译者注

现在再看看市值巨大的苹果、三星等企业，它们也只不过是在整合和使用"以计算机为中心的 IT 时代"开发出来的技术，而对于新的基础研究却完全没有投入。那么，所谓"后计算机时代的 IT 技术"又是什么呢？让我们在后面详细探讨这个问题吧。

21 世纪的主角是"发展中国家"

我们生活的 21 世纪是个多元化的时代。国际化及 IT 化将世界上的国家与国家更加紧密地连接在一起，信息、文化、人员和资金都可以轻松地跨越国境线。这个时代的主角，不会是曾经在 20 世纪主导国际秩序的美国及以欧洲为中心的"发达国家"。21 世纪的成长动力，是那些被称为"发展中国家"的亚洲、非洲及拉丁美洲的国家。

随着国际化的进展，也许有些人会担心世界失去多样性，向着一元化的方向演变。的确，19 世纪、20 世纪的国际化就是伴随着一元化的。美国，以及被称为旧宗主国的欧洲各国，初期是凭借强大的军事力量，而后是借助经济能力，把本国的文化、制度，甚至是语言强加给了世界。而世界上的人们也仿佛天经地义一样，开始说英语和法语，进入西洋学校学习，并将欧美的法律和制度当作"优秀的文明"引进自己的国家。但是我们应该看到，正是因为美国和欧洲国家可以创造压倒性的财富，同时拥有巨大的军事力量，才使得发展中国家对它们既憧憬又恐惧，因而产生了这样的结果。

时过境迁，21 世纪迥然不同。这是发展中国家开始变得富强的时代。全世界的人口总数现在是 70 亿，到了 2050 年，将突破 100 亿，而增长的部分，全部是发展中国家的人口。推动世界经济成长的主角是谁，一目了然。与此同时，欧美各国原来所倚重的强大的军事力量，现在也显得没有那么重要了。虽说美苏的冷战结束后，世界各地依然出现众多的区域间纷争，但是这些纷争很少是国家间的武力冲突，更多的是恐怖组织等非政府势力引发的武力抗争。

人类社会是非常复杂且具有多样性的。全世界的 193 个国家基本都是多民族、多语言国家。例如本次增补版中会提及的非洲的赞比亚，在这个国家里生活有 70 个以上的部族，当然也就存在 70 种以上的语言。今后，这些人会拥有越来越强大的话语权，并发挥他们的行动力，这就是 21 世纪的新时代。

日本如何才能成为真正被需要的国家

对国家而言，在经济和政治上能够独立的重要性是不言而喻的。"独立自尊"也好，"自主独立"也好，为了实现这个目标，完成下面的四点是必不可少的。第一是粮食和水的保障；第二是能源和其他资源的保障；第三是以强化防卫力及以外交能力为基础的安全保障；第四点大家可能觉得有些意外，我觉得应该是守护文化和语言。

日本从现在开始，应该成为更加珍惜和爱护本国的文化、传统、历史和语言的国家。在这些要素中，我认为语言是最关键的。同时，身处多样化时代当中，我们也应该像对待本国文化一样，向其他国家的文化、传统以及历史和语言致敬。承认双方存在的差异，并在尊重对方的前提下，传达和解释自己的观点。如果不使用这种方式进行沟通，日本在这个世界上是不会成为真正被需要的国家的。

那么，为了成为真正被需要的国家，日本该做些什么呢？

在本书中，我把这个重大的问题分为三个具体部分。首先，为了成为被欧美等发达国家所需要的国家，我们应该做些什么？其次，为了成为被亚洲、非洲、拉丁美洲等发展中国家所需要的国家，我们应该做些什么？最后，对我们日本人自己而言，把日本建设成生活美好且值得骄傲的国家，又该做些什么呢？

针对这三个问题，我在本书中写下了自己的答案。这些答案是我所构思的"有实现可能性的未来"，因此也都是我认为凭借自己的力量可以具体践行的——当然我也在呼吁社会各界的帮助。

如何用制度保障新技术的产业化

先来看最初的问题：要成为被欧美的发达国家所认可、所尊敬的国家应该做些什么？日本迄今为止积极从欧美国家吸收最新的知识和制度，并与这些国家保持"和气生财"的交往方式，这样的做法需要改进了。美国和欧洲已经没有力量创建新的骨干产业并带动时代前行了。就像我一直强调的，这是因为欧美社会把"企业仅为股东之所有"这一想法视作天经地义而导致的。对股东而言，如果企业获取同等规模的利润，当然是花费的时间越短越好，需要花费较长时间才能看到效果的研究开发型商业模式必然会遭到股东的否决。长此以往，市场上只剩下为股东追求短期利益的金钱游戏，甚至会妨碍那些对社会有益的企业的正常经营活动，使其无法成为经济的主导。

在 2012 年获得诺贝尔生物学·医学奖的山中伸弥先生所研究的 iPS 细胞*的新闻已经被各种媒体报道得极为详尽了。为了把这个具有划时代影响的技术商业化，政府已经划拨了巨额的预算等新闻也成为大众关心的热点。实话实说，基础研究的成功和其技术的商业化，是完全不同

---

* iPS 细胞，即诱导性多能干细胞（induced pluripotent stem cells）。——译者注

维度的话题。我想，即便国家划拨了再多的扶持基金，其技术的商业化也是很难有进展的。这是因为，很多使用国家扶持基金的人对钱是没有敬畏感的，基金也因此被浪费了很多。如果没有具有长远眼光的、能够对研究进行长期投资和扶持的民间企业家，不论是多么具有划时代意义的技术，也不论国家为它注入多少资金，都是很难把它发展为具有影响力的产业的。

很多国家都在呼吁减少政府支出，但是不论是美国还是中国，在基础研究方面的国家预算不仅没有减少，反而是在增加（例如，对大学等机构划拨研究经费的美国国立科学基金会的年度预算金额，从 2007 年开始，在 5 年内增长了 17%，从 59 亿美元增长到 70 亿美元。中国也在 2006 年宣布，将在 2020 年前，把研究经费提高 2 倍，达到 GDP 的 2.5%）。虽然基础研究的预算在增加，但是，对于将基础研究的成果商业化、产业化的激励制度，如资金筹集方式、税率调整等，各国却都没有认真准备。

那么，就由日本来领跑那些发达国家，率先创立一套机制吧。这是我在这次的增补版中最花费心思的一个重要主题，将在第五章论述。

从贸易收支到贸易外收支

下面来说说，对于那些即将成为 21 世纪成长动力的发展中国家，日本应该如何与它们展开合作呢？

我的答案在 2007 年版的第四章中就已经写出来了，这种方法是不论哪个发达国家都没有实施过的——在对方的国家创建使用新技术的事业，为当地创造新兴产业和雇佣机会，并以此解决当地的贫困问题。这种尝试吸引了包括年轻人在内的众多人士的关心。从孟加拉国到非洲各国，我们在众多领域开展事业并进行尝试，本次的再版，我会尽量补充新的资料并做出详细的说明。

日本已经迎来了极端化的老龄社会，而且人口将会持续减少。不过即便人口减少，我们也不用悲观，继续对自己的国家持有荣誉感和自信并享受富裕美好的生活，是有充分的可能的。

日本一直把"贸易立国"作为自己国家的定位。进口自己所缺乏的资源，然后把这些资源加工为商品，之后再出口给其他的国家，这是日本一直以来的生存之路。但是，正如我在本书中详细阐述的那样，有关工业制品的定义，现在与过去的概念发生了很大的变化。在20世纪末开始的，从硬件类、有具体形状和大小尺寸的"实物型工业产品"向软件类"知识型工业产品"转换的变化趋势，直接催生了在21世纪初期出现的硬件和软件被融合在一体的新型工业制品。展望未来，今后的日本不会再局限于单纯地销售工业制品，输出制度（system）的时代将会到来。目前全世界的发展模式是由经济成长信仰以及股东资本主义所支撑的，这种模式正在逐步衰败。如果日本能够清晰地向世界展示出一种可以取代旧经济模式的新价值观，输出日本的制度绝不是难事。

日本应该积极吸引拥有建立中长期规划且有能力将新技术产业化的人才，共同开拓一个崭新的时代，之后把日本的知识、创想、体系等无形资产向全世界输出。如果这个构想得以实现，那么日本获得的将是专利使用费等贸易外收入。同时，在发展中国家创建以改善当地人民生活为目的的商业项目，在当地设立的企业法人也会因直接投资而收获利润及分红，这些也不是贸易收入。所以，即使日本的人口持续减少，如果能够实现从贸易收支到贸易外收支的这个巨大转变，那么增加国民收入，并进一步增强日本的国力是有可能的。

日本的成长战略及不同的"放松管控"

在我写这篇文章的 2013 年夏天，报纸和电视新闻都在报道美国经济取得了令人瞩目的发展。如果仅看这些报道，美国似乎已经领先日本和欧洲，开始摆脱雷曼兄弟公司倒闭所引发的长期不景气。但是，如果仔细观察这次的"景气恢复"就会发现，消费的增加不过是因股价及住宅行情上涨所带来的"资产效果"，距离伴随实际工资上涨的真正意义的经济复苏还是有很大一段距离的。

所谓资产价格的上涨，与泡沫一样是不能长期持续的。到了泡沫崩坏的时候，美国也许有一些临时性的小技巧，可以避免 2008 年金融恐慌时的经济硬着陆，让经济进行软着陆。但是，产生泡沫了就称之为景气好转，泡沫消失了就称之为萧条，只要这种金钱游戏继续进行，贫富的差距就会越来越大，也无法避免使世界整体陷于越发不稳定的局面。

一般公论认为，既然是市场经济，就应该让市场决定一切。但是在当前市场上所发生的是偏离了常规的、仅凭借市场振荡就可以产生财富的金融主导型经济，这样的经济，已经不值得被称为资本主义了。我们所希望看到的，不应该是这种"假想型"的景气变动，而应该是反映实体经济的景气变动。

说到底，实体经济的财富又是从哪里诞生的呢？不管是手机、汽车还是住宅，按照人口的数量生产就足够了。建一些谁都不需要的住宅卖了赚钱，那是投机。照此说来，真正能够产生财富的，是通过"制造"的手段出现在市场的、消费者渴求的新产品和新服务，以及渴望新产品、新服务的消费者的增长。

以被视作世界经济领头羊的中国为例，根据出生率及人口统计推移的预测虽然可能会有一些误差，但大多数预测都认为，中国的人口数量会在2015—2025年达到顶峰，之后会急速下降并迎来老龄化社会。就像日本所经历过的那样，这意味着中国将会失去作为市场的吸引力。如果不把经济方向转换为"高附加价值的制造业"，中国也将失去创造新财富的力量。

话归原题，如何才能创造出拥有划时代新科技的新兴产业呢？再进一步讲，我们应该如何进入以非洲各国为首的、在21世纪人口激增的发展中国家市场呢？我在本书第四章和第五章所写的内容，也可以看作是日本亟待寻求的成长战略。

一说到成长战略，许多人会联想到放松管控。但是，我觉得"放松管控"这个词要慎用，而且一定要正确使用。当然，对于为社会生产和提供有益的商品及服务的"实体产业"而言，有些管控措施是完全没有必要的，甚至有些管控措施已经成为产业和企业发展的障碍，那当然应该撤销或者予以放宽。相反，如果仅仅是为了帮助那些没有实体的、被称为"空想产业"的金融行业而实施放松管控，其结果只不过是实施了对追求投机利润的人群的利益诱导。目前，以"放松管控"为名而实施的种种政策，基本上都属于这种利益诱导，这实在是件让人遗憾的事。

在本书中我反复提到，为了扶持新产业而必须构建的、有利于中长期投资的机制，并不是依靠单纯的放松管控就可以自然形成的。同理，在发展中国家开展商业活动，也并不是简单地允许企业到国外自由活动就万事大吉了。一定要实施着眼于未来的政策，并制定与政策相呼应的制度和运行机制，上述战略才初具可行性。

实现梦想的两种方法

也许有些读者会觉得，本书所描述的种种，简直是梦幻中才会出现的理想世界。而实际上，这就是我作为一个活在现今社会里的人所实现的梦想的记录，当然，那是以实干为前提描绘的梦想。

应该如何实现梦想？我个人以为，在大体上分为两种方法：一种是顺应现在的体制和环境，并巧妙利用其架构以实现自己的梦想；另一种是觉察到现行体制和环境的不合理性，挑战改变现行的规则，用自己的新规则重新规划世界并实现自己的理想。

不用说，前一种方法要简单轻松得多，日本就是借助这种方式不断积累成功才到达了今天的位置。日本主动理解欧美国家的做法和规则，同时秉持"和气生财"的理念去顺应国际社会。所以，不论在什么时代，日本社会里都存在依仗欧美权威而狐假虎威的"意见领袖"。然而，这一切的成功，在外人眼中又是一副什么光景呢？虽然现在已经不常使用了，但是就像"名誉白人"这个饱含讥讽的词语所揭示的那样，日本被普遍认为是"被接纳进西欧的非白人国家"，这是生活在海外的日本人每天都会强烈感受到的不可否认的现实。但是大多数日本人，即便感受到这样的现实，为了挣钱，或者为了追求地位和名誉，还是在坚持学习欧美的做法和规则。

与那些人不同，我想选择的是第二种方法。我想要通过改变现行的规则和制度，以接近我理想的世界。同时我相信，这本书的读者，一定会支持我的选择。

21世纪开启了多样化和多元化的时代，在这样的时代墨守成规是没有好结果的。我们要承认双方的不同，并且以此为前提阐明彼此的主张。这是新时代的新规则，应该由我们在全世界率先制定。这虽然是一条坎坷之路，但风景会更美。日本是自古以来崇拜"八百万神祇"的国度，日本的一个历史传统就是接纳和吸收异国文化，并将其融入自己的文化之中。我真心希望越来越多的、拥有这种具有兼容性价值观的日本人可以"遍及全世界"。如果能与手中拿着这本书的读者们一起去实现这样的梦想，我会感觉无比地欣喜。

本次再版，在很多方面都进行了信息升级。在更新信息的同时，我努力不让纷扰变化的时事型记事淹没我坚守至今的主张，这些主张是作为我出发原点的重要议题。因此，有关第一章中针对美国经营模式陷入困境的描述和对"股东资本主义"问题的批判，以及在第三章进行的应该如何调整社会结构以支持那些承担风险将新技术商业化的尝试的讨论，我只做了最小限度的订正和改写。

与其相反，在探讨即将取代美国所引领的 IT 产业，担任后计算机时代产业核心的第二章，不仅添加了最新的信息，同时为了让非专业领域的读者容易理解，我做了大篇幅的改写。此外，关于后计算机时代"核心技术"IFX（index fabric）的说明，我在本书的最后以"补论"的形式做了综述。这是因为我考虑到，虽然对于已经意识到现行的以关系数据库（relational database management system，RDMS）为中心的数据库技术的局限性的读者而言，谈论后计算机时代的技术是件非常让人兴奋的事情，但是这个问题对一般读者而言实在是索然无味的。

前面也提到过，我对第四章、第五章做了全面改写。第四章的内容是讲述如何从根本上改变发达国家和发展中国家关系的新尝试；第五章是讲述"公益资本主义"，也就是我所提出的资本主义新模式。这两章都在探讨一个重要问题：在迎来新时代的世界里，日本应该选择走什么样的道路。

※Alliance Forum 基金会

这是笔者担任负责人的非政府组织［美国所规定的 501（C）（3）法

人，即日本的一般财团法人]，被联合国经济社会理事会授予特别顾问资格。基金会于 1985 年设立于加利福尼亚，20 世纪 80—90 年代主要致力于解决日美两国在高精工业领域的贸易摩擦问题，同时推动新创企业与大企业的战略合作。从 2001 年开始，为了培养后计算机时代的新技术，基金会每年举办"IT 淡路会议"以及"世界联盟论坛（新产业创造部门）"。2007 年设立基金会东京办事处。同一年设立的发展中国家事业部，在实施利用螺旋藻改善当地居民营养结构、远程教育·远程医疗等项目以外，也负责推进日本企业在发展中国家的投资等合作项目。同时，基金会的教育部门自 2009 年开始举办扶贫性小额贷款的研修讲座。基金会的主要目标之一，就是把占世界人口 80% 的发展中国家的贫困人口培养为中产阶级。基金会的公益资本主义研究部自 2011 年起拓宽研究领域，与东京大学、京都大学共同开展了研究。

2007 年版前言

这篇文章是本书初版发行时标题为"序言"的部分，其所涉及的一些话题，有些可能略有陈旧之感。但我想要阐明的思想主旨时至今日没有任何变化，甚至可以说保留当时的时代背景及行文特点，可以更好地表达我的核心思想并保持观点的一致性。所以，将 2007 年出版时的内容原文收录进来。

IBM 卖掉 PC 机部门意味着什么

2004 年有一则新闻报道——IBM 将 PC 事业部卖给了中国的企业联想（Lenovo）。这则新闻展示了从 20 世纪 80 年代到 21 世纪初期，作为引领世界经济的骨干产业，以计算机为中心的 IT 行业已经发生了本质性的变化。

计算机的硬件与软件，一直都是 IT 产业相辅相成、缺一不可的两轮。在现实中可以看到以下倾向：欧美国家将产业重心转移到高附加值的软件领域，而硬件生产中心则从欧美转移到日本，再由日本到韩国、中国台湾、东南亚，然后转到了中国大陆。即使在软件领域，耗费时间与人工成本的敲代码、系统转换、稳定性测试等低附加值的工作，也已经开始向印度、菲律宾转移。

PC 机领域也是这样，欧美国家将软件、硬件都转包给亚洲各国，这种明确的国际分工已经形成。IBM 卖掉 PC 事业部，可以说宣告了这种格局的正式形成。

"PC 机时代"的主角们离开世界舞台

2006 年，各种媒体相继报道那些从 20 世纪 90 年代起引领 "PC 机时代" 的美国企业的创业者（founder）们纷纷宣布退役。微软的比尔·盖茨也宣布在 2 年后的 2008 年退出经营的第一线。在网络服务器与工作站领域一直位于世界第一的太阳微系统公司（Sun Microsystems）的斯科特·麦克尼利（Scott McNealy）也不再担任 CEO（首席执行官）职务。据说，开创了一个时代的数据库企业甲骨文公司的拉里·艾里森（Larry Ellison），也暗示在不久的将来将交出经营的第一把交椅（2013 年仍任 CEO）。

从硬件制造转移到系统搭建的服务性业务，如此调整企业重心的并非只有 IBM。在计算机的硬件制造领域发生了很大变化。英特尔的创始团队已离开公司的领导层，并于 2005 年收购了以色列的图像处理半导体制造商 Oplus。比起 PC 机，这些对市场有前瞻性的经营者如今将重心更多地放到了为家用电器制造提供半导体零件及软件业务上。

苹果电脑公司 2006 年更新了历史最高销售纪录，但是占销售额一半以上的并非创业之初的 PC 机领域，而是以 iPod 为中心的音乐领域。2007 年公司名变更为"苹果公司"。这是因为带有"电脑"的公司名称已经与实际经营项目不吻合了。

在被称为 IT 产业的领域，今后很长一段时间有可能成为主角的将是谷歌、亚马逊、易贝（eBay）等企业集群。它们都不是开发新技术继而进行销售的企业，而是利用新技术提供服务从而获取利润的企业。

引领世界的美国新兴企业

20 世纪 80 年代到 90 年代，以高附加值产品的软件为代表，在通信技术、生物技术等尖端技术领域，引领世界的是什么样的企业呢？

回顾过去我们可以看到，无论哪种产业，排名前 100 的企业中有 90 多家都是美国的企业，并且几乎都是 70 年代以后创建的新企业，这真是值得关注的现象。特别是通信技术领域，处于领先地位的基本都是 1980—1985 年以后创建的新企业。

看一下这些企业的名单会发现，这里面基本没有在美国拥有悠久历史的大企业。即使有，大部分也是因为收购了新兴中小企业才进入这个名单的。历史短、规模小的公司不断在各个尖端领域占据领导地位，也许会让人觉得不可思议。

从这个时代开始，在技术研发领域已经可以明显看出，美国的大企业再也没有能力与中小企业进行正面对决。年轻的优秀人才对缺乏魅力的大企业开始敬而远之。人们所期待的开发创新技术的可能性，在大企业已经没有了。

看透先机的资本家与年轻的经营者

有人认为，当时的美国企业之所以能够发挥优势，是得益于里根政府所采取的管制放宽政策，以及在民间普及 IT 业等国家战略。但是美国在以 IT 业为首的尖端领域所取得的成功，并不起因于这些国家政策的实施。

20 世纪 70 年代末到 80 年代，美国培养优秀人才的名校 MIT（麻省理工学院）、斯坦福大学的工学部、斯坦福大学与哈佛大学的商学院（Business School）的毕业生们，在就业时的选择发生了很大变化，纷纷涌进软件、通信技术、生物技术这三个行业。相反，汽车、钢铁等主要传统产业却出现了招不到优秀人才的现象。

此外，以洛克菲勒财团为首的资本家们，卖掉了洛克菲勒中心等不动产，却加大了对风险投资基金的注资。他们集中投资的不是电子工业和计算机硬件领域，而是上述的三大新兴产业。资本家们也认识到附加值更高的领域并纷纷涌入。两者的相同之处是，以创新思想为基础，从业人员和投资者都在重新审视既往的企业行为。

在此环境下，拥有前瞻性的资本与优秀的年轻头脑相结合，所创办的企业代表就是比尔·盖茨的微软公司。还有 90 年代初让人们期待的能够战胜微软的菲利普·卡恩（Philippe Kahn）的宝蓝公司（Borland）、拉里·艾里森（Larry Ellison）的甲骨文公司等等，现在仍然是美国企业的领头羊。

网络泡沫为什么会破灭

看起来一帆风顺的美国经济，明显像走进了死胡同。

对于 2000 年秋天在美国发生的互联网泡沫破灭，大家应该还都记忆犹新吧？互联网泡沫的破灭导致世界市场信用收缩，宣称经济永不会萧条的"新经济"被轻而易举地击败了。其结果是，景气循环理论死而复生，市场主流又回归到讨论"带动循环经济的主导产业到底是什么"这一议题上了。

互联网泡沫破灭的重要原因之一是，在支撑 B2B（business-to-business）与 B2C（business-to-consumer）所需的必要技术还不成熟的时候，就妄图建立新兴产业。不成熟的技术再怎么东拼西凑，也不可能实现当时被称作"dotcom"（IT-Net，e-Business）的电子商务公司所承诺的商品交易。

那些人的心态，如同在飞行技术完全不成熟、飞机 10 次试飞 8 次坠毁的时代，就着急想要建立航空公司。那时的交通工具只有公交车，所以看到技术还不成熟的飞机，就欢呼雀跃着说"我要创办航空公司，让所有公交公司都倒闭"一样，鲁莽而天真。

不投资电子商务公司

读者中也许会有人觉得"不是还有大获成功的 B2B 模式吗?"但是那些企业为了让电子商务这种模式能够启动，强制性地缩减了许多 B2B 原本应有的功能而实施简化的运行，它不可能充分发挥互联网的巨大潜力。

我所运营的风险投资公司德夫塔合伙事业集团（Defta Partners），是对网络及软件相关技术领域进行投资的专业公司。但是从 1996 年左右开始，我就得出了 B2B、B2C 这种经济模式会失败的结论，所以对于这些通过互联网提供服务的"电子商务公司"，我一概不进行投资。

新时代以数据库为首的重要技术，距离其成熟还有很长的路。因此我判断，首先要专注于技术研发，以打造新产业的核心技术为首要任务。1998 年后，我大幅减少对已经泡沫化的美国创新企业的投资。因此，在互联网泡沫破灭时期，Defta Partners 仍然取得了非常出色的成绩。

在技术还没有实现的时候，鼓吹瑰丽的未来等同于欺骗。那么，为什么互联网泡沫还是形成了呢？我认为原因在于，曾经是美国企业力量源泉的"如何才能最大限度地提高股东的股票价值"这一理念，超越了其最初设定的职责范围而成为所有经营活动的目的。*

"安然事件"的必然性

互联网泡沫破灭后没过多久的 2001 年年底，在综合能源交易及利用 IT 销售方面业绩居全美第 7 的安然公司（Enron Corp），因被爆出在财务上存在重大舞弊行为而宣告破产。随后 2002 年美国著名通信公司——世通公司（WorldCom）被爆出假账丑闻，成为美国历史上最大的破产企业。

而此时的美国，由股东长期掌握所投资企业的股票，并守护企业成长的前提已经基本冰消瓦解。股票市场上大多数企业的股价都随着每天的投机交易而波动，大部分股东都希望在短期内抬高股票价格，然后以高价卖出，完全是以抛售股票获利为目的进行证券交易。

这种状况对美国上市企业的 CEO 来说简直再好不过了。他们拥有大量的股票期权（在若干时间后以现行价格购买本公司股票的权利），因此无论如何会想方设法地提高股票价格。

以安然公司等大型企业为舞台发生的一系列财务造假丑闻，我认为并不存在让人惊讶的"怎么可能"，而是近乎发生得"理所当然"。我认为那

---

  * 时至今日，可以说当时还不成熟的技术，如今在某种程度上看已经得到了完善。

些事件中充分体现出美式资本主义的畸形发展。

2002 年美国通过了涉及对会计职业监管、独立监管机构的设置、对企业营私舞弊行为的惩罚等内容的《萨班斯法案》（SOX，美国企业改革法案）。但是我想，即使建立这样的法律制度，加大惩罚力度，如果运营体系本身没有变化，历史还是会重演。

美国并没有理想的企业治理模式

美国式企业治理（corporate governance）的核心思想是"企业仅为股东之所有"。但是如果彻底贯彻这一理念的话，企业存在的目的就变成了仅为提高股东的价值，说白了就是"提高股票的价格"。

出现安然公司及世通公司丑闻的最大原因，就是市场风潮将短期内提高企业的股票市值（发行股票总数×股价）视为优秀的经营成果，并将这种看法贯彻到了极端和偏执的程度。

最近，日本有些地方开始积极地引进美国式的企业治理模式。但遗憾的是，把"企业仅为股东之所有"这个前提囫囵吞枣照搬过来的学者和企业经营顾问，会始终停留在如何贯彻运用的方法论的讨论上，而对于企业应负的责任等问题缺乏根本性的讨论。

现在我们能看到，日本的报纸也开始刊登企业股票市价的上升率、下降率的排行榜了。但是，股票市价这个东西，只是显示了一个企业如果现在就注销的话，那么市场该如何评价该企业价值的标准而已。然而，企业原本的价值体现应该是生产过硬的商品、提供优质的服务并以此为社会做贡献。

以我个人而言，我在诸多欧美企业担任过外部董事，从小到几个人的新创公司，到数千人的大企业，以我个人的经验来看，即使在美国，那种日本人以为理想的企业治理模式也并不多见。

然后，就只剩下了软件业与服务业

现在，与股票价格最具联动性的财务指标就是企业的 ROE（股权收益率）。为了提高 ROE，首先要提高销售的毛利率。只看毛利率的话，软件产业当然比硬件产业更有优势，微软公司、Borland 公司的毛利率高达85％以上。虽然最终泡沫破灭了，但是据说互联网泡沫时代电子商务公司的毛利率在理论值上能够达到 100％。与此相比，日本的机械、钢铁等行业，企业的平均毛利率只能达到 10％左右。

以此推论，如果只考虑提高股票价格的话，那么最好不要从事制造业。日本的家电制造商正是将生产与研发一体化才取得了成功。但是，只要是生产硬件，就会有材料费等成本的支出，毛利率无论如何都是会变低的。

按照华尔街的理论，比起生产液晶显示器的企业的股票价格，类似微软那样的软件企业的股票价格应该更高。即使是同样出色的企业，假设其销售额、成长率以及其他条件全都相同，软件公司的市价总额也要高于硬件公司。

于是美国的经济界开始将硬件制造转包给日本、韩国、中国等亚洲国家，形成了一个奇特的产业结构。如今，可以说美国国内只剩下软件行业了。就连这个软件行业，可以量化生产的部分也都转包给了印度，留在美国国内的只有附加值较高的软件开发以及提供解决方案的服务性行业。

收购导致了一个行业的衰退

最近在日本，所谓的"敢说话的股东"出现在新闻报道中的次数越来越多，与此同时，以互联网企业为中心，与运营公司主体项目并行的，通过收购其他企业以扩大企业规模的情况也多了起来。这些企业为了扩大体量，经常以本公司的高额股价为杠杆筹集资金，有时候甚至会强行收购比自己规模大的企业。

这一类企业的代表，最著名的有美国国际电话电报公司（International Telephone and Telegraph，ITT）。它所采取的策略是以多种化经营为目的的跨行业并购。从公司名称就可以看出，它原本是通信企业，但是却拥有酒店等很多与本行业完全没有关系的公司。

这类企业的合并、收购如果进行太多的话，会出现很大的问题。

20 世纪 70 年代，美国机床行业的规模发展得比日本和德国的都要更大。但不幸的是，美国的机床行业被从事跨行业并购的金融从业者看中了。于是在公司业绩将要变好的时候，这些人就开始收购机床公司，而在公司业绩下滑时再将其卖掉，这种交易在机床行业反复操作，其结果是到了80 年代，美国机床生产制造商逐渐走向了衰退。机床行业的盈亏会在很大程度上受到经济景气的影响，这是一个循环的结构性问题。投资基金将其和M&A（企业合并、收购，简称企业并购）战略巧妙地组合在一起，就可以把大量的资金收益分给投资家。然而其结果就是，一个产业衰退了。

市场万能主义开始瓦解

冷战结束，西方资本主义阵营取得胜利，这使得人们认为资本主义将会永远存续。但是随后也产生了一个现象，即全世界不约而同地开始过度地追求利润。

在此之前，之所以没有像这样过度追求短期利润，是因为社会主义体制下存在着计划经济。在一段时期，社会主义作为不同的体制对西方产生过威胁，到了 1970—1980 年，这种威胁的程度已经逐渐降低，但正是因为不同体制的存在，资本主义制度的某些闪光点被放大了。

然而如今，以美国为中心的资本主义体系日益疲惫，开始走下坡路，这一点应该引起更多人的重视。不仅是美国，日本也一样，退休基金等许多资金被投入对冲基金中。"钱生钱"的现象被美化，这让人们产生了一种错觉，以为梦想已经变为现实。

其原因全部在于"市场决定一切、市场价值就是一切"的偏激的市场万能型资本主义。仅以金钱的增长与否来衡量价值的资本主义，背负诸多无法解决的问题，已经开始向着失败高歌猛进了。

没有实质、仅是表面数字的景气好转

以美国大企业为中心，各家企业连续不断地更新历史最高业绩，但这种景气好转只不过是表象而已。原油价格的上涨、因裁员而缩减的人工费、通过压缩资产得以提高的 ROE 等等，的确推动了企业股价的上扬。但是世界范围内的失业率反而提高了，对于这一事实我们无法回避。

股票市场在没有明确引领新时代发展的产业究竟是什么的情况下，只依赖于大幅度的宽松货币政策，通过流动性过剩而活力焕发。然而这其中有成功就必然有失败，流动性过剩导致的金钱游戏，只会让富者越富、贫者越贫。

在日本，有些企业因为中国的经济发展需求而得到大量订单，或者因为战争需求而得到订单使得业绩飙升。但是更多的企业还是通过裁减员工等"缩小经济规模"的手段来维持利润的产出。特别是中小企业的破产率很高，它们在很多行业都受到大企业的压迫。

那么，应该怎么办呢？靠耍小聪明的金融政策与财政政策来振兴经济是根本不可能的。振兴经济当然需要采取恰当的金融政策，削减财政的无效支出，但是仅仅靠这些是无法取得经济发展的。

只有新兴产业才能解决根本问题。我们需要的是能够增加雇佣机会、丰富人民生活的新兴产业。没有新兴产业，景气的恢复不过是宏观经济的统计数字而已。

以计算机为中心的 IT 产业的终结

互联网泡沫破灭后，全世界有很多人都期盼着以计算机为中心的 IT 业作为主导产业能够重新焕发活力，但我认为其可能性无限接近于零。

对于世界经济来说，目前最重要的是了解导致 IT 泡沫破灭的资本主义的结构，以及产业的根本性转换意味着什么。

回顾发达国家制造业的发展历程，会看到以纺织工业为开端，经过了钢铁、电子工业，最后是以计算机为中心的 IT 产业这样一个变迁过程（如图 2）。在日本，特别是 1970—1980 年，电子工业、汽车、半导体等领域成为带动经济发展的主力，大力培养出口产业赚取了很多外汇。

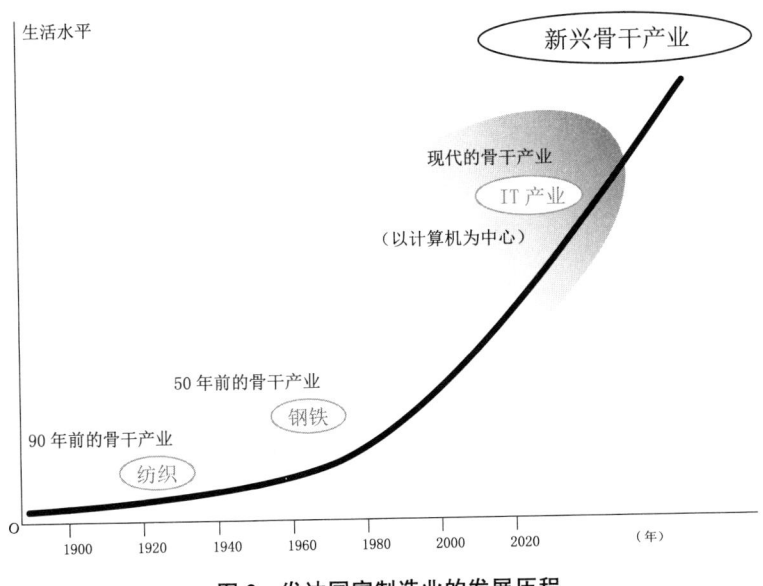

图 2 发达国家制造业的发展历程

但是 100 年前迅猛发展的纺织产业，在某一天开始减缓了发展速度，最终变为夕阳产业。看看这些，就会知道如今的 IT 产业不会一直发展下去。我在开头举出的几个事例，就真实地表明这个产业已经进入成熟期。

在以计算机为中心的 IT 产业之后，应该建立什么样的新兴骨干产业？这是本书的重要主题之一。

被财务游戏绑架而丧失力量的美国

现在的美国，能够提高企业价值（股票市价）的经营者受到人们大力追捧，但是这与人类对幸福的追求是没有关系的。生产优良商品，提供卓越服务才是企业的目标，但现在这一目标被闲置在以 ROE 为首的优化效率的目标背后，变成了一个空头口号。

日本也有模仿美国企业的制造商。他们卖掉自己的工厂，通过减少资产来提高 ROE 的数值。但是这种经营方式，只能说是被财务游戏所左右。生产制造商如果将 R&D（研究开发）部门与生产部门切分，会导致二者间的反馈渠道断裂，而制造商也就失去了优势。这样的企业，恐怕到了某一天，也会将需要花费好多年时间才能看到成果的研发部门裁掉，最终走上自我毁灭的道路。

很多立足中长期发展的经营者，已经开始质疑那种不关心制造优良的产品，而只是关注提高股价市值的股票偏重型理论。制造业的本职是生产优良的产品，而不是让徒有其表的财务数据变得好看。财务不是经营的主角，这是不言而喻的事情。但事实上现在的美国就被这样的游戏所左右，失去了曾经创造新兴骨干产业的能力。

第一章 >>>

濒临破产的资本主义

中长期经营所必不可少的内部收益留存

现在，请您设想自己是一位企业的经营者，将会对一项能左右企业今后命运的技术研发项目进行决策。有关这个项目的最主要问题是，数百亿日元的研究开发经费要怎么筹集呢？

这个项目失败的可能性很高，而且即使研究成功，也不可能在短期内将投入的高额资金全部收回。企业的研究开发，需要资金在中长期进行持续地投入，在这种情况下，您会怎么筹措这笔研究经费呢？

一般情况下，有如下的三种选择：

1. 从金融机构借入；

2. 进行增资，从现有股东处筹集；

3. 使用每年积攒的内部收益留存。

您会选择哪种方式呢？正确的回答是显而易见的。第1项的金融机构的贷款，属于拒绝风险的资金。所谓"拒绝风险"，也就代表着"必须偿还"。持有这种属性的资金，是不适合使用在高风险的研究开发项目上的。关于第2项的股东增资，虽说可能有些股东理解进行高风险的中长期投资的必要性，但是那样的股东不是多数派，更多的股东是反对这种投资的，而且说服股东是很需要花费一些时间的。再看现下的金融市场，是不用冒风险就能舒舒服服挣钱的时代，基金经理那类人当然也不会热情洋溢地为高风险的研究开发项目买单。

所以，正确的回答必然是采用第3项的内部收益留存。为了公司的将来，用公司历年的积蓄去赌一把，作为经营者这算是最正常不过的想法。此外，为了应对战争和自然灾害等不可控的外部因素，为了完成企业对客户和员工的责任，企业的内部收益留存也是必不可少的。

遗憾的是，我最近经常听到一些轻视内部收益留存的重要性的言论，这些言论忽视了一个事实——对需要背负风险进行中长期经营的企业而言，内部收益留存是必不可少的。企业为了拓展新的事业而必须持有足够的内部收益留存，这在经营上是最基本的常识，是什么情况造成了对这样的问题也有人质疑的呢？

利润率100%的企业降生了

我们应该注意到，产生上述疑问的大背景，是IT产业所带来的利润率的变化。

从20世纪后半期开始，以计算机软件为首的通信技术、生物科技等高附加值的商品开始担任产业的主角。我为了将这些产业的特征表述清晰，把它们称为"知识型工业产品"，以区别于汽车、电子元器件、计算机硬件等旧式的"实物型工业产品"。

那么，"知识型工业产品"到底是什么样的呢？我们以美国的迈克菲公司（McAfee）为例，做一下说明。

McAfee 是一家从 20 世纪 90 年代初期开始制作计算机防病毒软件的公司，是我们这样的风险投资公司非常喜欢的投资对象，但是它成长得太快，快到没有给我们留出投资的时间。

这家公司最让人惊讶的是，它的 gross margin（一般商业上称作毛利率，制造业上称作销售额总利润率）达到了 100%。销售额和毛利率竟然一样，只能说明它的原材料是没有成本的。在软件产业中，商品可以通过互联网以及在线传输直接发送给终端客户，所以在旧式的"实物型工业产品"行业占有很大比重的"生产成本"，在软件产业变成了零。

我们在 20 世纪 80 年代末期就预测过会出现这样的情况，但是作为实际的商业案例，且经过了美国注册会计师事务所监察的，实现了毛利率 100% 的企业，McAfee 是第一家。

"知识型工业产品"催生的商业模式

当然，这种变化现在还处于过渡期。

直到最近，计算机软件的销售大多还是将软件录入到光盘（CD-ROM）这样的硬件里，把说明书印刷为手册这样的硬件载体，然后一起装进盒子里销售。把好端端的"知识型工业产品"特意地转变为"实物型工业产品"的主要原因在于，20 世纪 90 年代，作为匹配"知识型工业产品"物流的宽带信号的基础建设还没有完成。在那种条件下，只好把软件改装为"实物型工业产品"时代通行的样子装进箱子，再用卡车运到仓库，由批发商转手给零售商，之后摆在柜台上让顾客购买。这跟在小商店里卖肥皂是一样的做法。

可实际上，计算机的软件既不需要箱子，也不需要软盘或 CD-ROM。说明书也没有必要印刷成册。这类商品完全可以通过网络销售，其物流方式也会随之改变。这种类型的新商业模式，随着信息基础设施的发展，正在逐步变为可能。

不过，这也并不意味着旧式的"实物型工业产品"就要从这个世界消失。它们会作为附加价值较低的、利润较少的产业留下来。但是它们会从日本、美国这类生活水平较高、物价也较高的国家，搬迁到亚洲的发展中国家或中等收入国家去。我在前面提到的，IBM 公司将 PC 机部门卖给中国企业的实例就反映了这样的趋势。

市场普遍认为，那些毛利率达到 100%，营业收入（operating income）也能达到 50% 以上的高利润企业集群的登场，提前展示了 21 世纪的新型商业模式。

"风险投资公司"存在的意义

事实上，软件产业的不可思议的高收益率所带来的冲击，彻底改变了美国对企业收益率的看法。不过话说回来，即便是计算机软件这类的"知识型工业产品"，说到底也还是工业制品。这类制品并不是有了好点子和资金投入就可以马上实现高收益的，其产品开发是伴随着风险的，同时也是需要花费很长时间的。对于准备开发新技术的企业而言，内部留存收益依然是很关键的。

那么，没有内部留存收益的新企业该怎么办呢？

银行之类的金融机构是最不喜欢风险的，所以对于只持有萌芽期的新技术和革新性的事业规划的创业者（founder），基本是不会考虑融资的。

这时候，有能力承受风险，在提供资金的同时还能提供经营参考意见的风险投资公司就有了存在的意义。

风险投资公司最重要的责任之一，就是发现有希望成长为一万亿日元规模骨干产业的新技术，并进行长期的投资和扶持。从 20 世纪 80 年代到 21 世纪初始，引领世界经济前进的骨干产业，是以计算机为中心的 IT 产业。这个产业的核心技术诞生在以硅谷为中心的美国，其间有众多活跃的风险投资公司参与其中。向集中在计算机软件、通信技术及生物科技这三个新兴产业中的优秀年轻人提供资金和经营支持的风险投资公司，直到 20 世纪 90 年代都在发挥重要的作用。

在同一时期，也就是 20 世纪 90 年代的前半期，美国的银行均处于濒死的状态，很多大银行都处于危险之中。这主要是因为借给发展中国家的贷款出现了坏账。当时，美国的银行实在是没有余力扶持新创企业。甚至，就连风险投资公司筹集的资金，从欧洲筹来的也比美国国内的要多。

无法诞生新兴骨干产业的闭塞现状

可是很遗憾，自从那段日子结束后，硅谷就失去了创造出新的骨干产业的力量。而产生这种闭塞状况的原因，竟然在于风险投资公司发展得过于庞大，这实在是个讽刺。

1990 年，美国进入新创企业的资金量大约是每年 4000 亿日元。这个数字很快就超过了 1 兆日元，并在 2000 年突破了 10 兆日元的规模。我会在第三章详细介绍风险投资公司的情况，这个行业并不是资金量越多就越好的。每一位投资经理所能管理的金额最大限度也不过是 35 亿日元到 50 亿日元左右，而短短几年内就有数十倍的资金流入这个领域，大家想想，会发生什么情况。

从结果上看，管理这些大量涌入风险投资领域资金的负责人，基本上是原来从事理财的基金经理和从事经营咨询的一些人。他们所关心的不是培养技术，而是投资回报。如此这般，很多风险投资公司开始变质，变身为单纯的投资未上市公司股份的投资信托基金了。

风险投资公司已死

现在的风险投资公司，对于有风险且投资周期较长的项目已经不会投入资金了。当创业者展示了专利、阐述了事业计划后，投资经理会委婉地拒绝："等产品成型了您再来吧。"等创业者完成了产品并展示给投资经理时，他又会说："请有了销售业绩再来谈吧。"如此这般，风险投资保持着躲避风险的姿态。

按这个样子，如果有人讽刺风险投资行业已经堕落为普通的金融业者也是没办法辩驳的事。在新创企业圣地的硅谷，到底发生了什么？

对时下的美国风险投资公司来说，安全第一已经成为它们最喜欢的投资标准。这些风险投资公司已经无法完成"分析风险并积极承受"的本职，转而天天研究分散风险的手法。而现实是，当资源有限的个人或小企业需要挑战困难的目标时，"分散风险"的想法反而会导致风险的扩大。分散投入原本就不多的人才和资金，就类似于后勤补给线被无限拉长的部队，很可能会出现不论如何努力奋战也只能实现次好战绩的结果，甚至可能连次好的战绩也无法实现。

惧怕风险的"风险投资公司"应该把"风险投资"的名字取消。或者，已经到了应该给那些继续承担着风险投资使命的企业起一个新名字的时候了。不管怎么说，在硅谷，真正的风险投资公司已经死了。

只满足于小规模成功的新创企业

使得风险投资公司加倍重视投资安全性的原因之一，就是过分的、仅考虑时价的会计理念的蔓延。近几年，退休基金等机构投资者作为风险投资公司的出资人，其话语权越来越强，它们的主要诉求就是避开长期的风险，要求在短时期实现投资收益。

在因为流动性过剩而逐渐将投资演变为金钱游戏的风险投资行业中，真正的技术难以得到关注。其结果是，因为不能依靠风险投资公司获得资金，用以克服从创业伊始就与之相伴的长期风险，那些越是持有极具前瞻性技术的"潜在的大型新创公司"，越是等不到将技术商业化就倒闭了。因此，最近的新创公司有一种倾向，就是在既存的技术框架内实现小规模的目标和成功。同时，随着美国进入 IT 泡沫期，新创公司的创业目标也都停留在单纯的股票上市上了。

长此以往，在世界的任何地方都无法诞生能够替代 IT 产业的 21 世纪的骨干产业。

其原因在于，负责开发和创造新技术的新创公司根本无法在中长期的意义上得到资金的支持，而流动性过剩导致的时价会计理念要求在短时期实现利润，这就造成了具有革新性的技术萌芽无法得到培养，而新创企业也仅满足于小规模的成功。

成为金融商品的企业和产业

过度强调时价的会计理念所导致的危害，并不仅仅影响了刚刚创业的新创公司。在大企业，因为多数股东要求企业在短时期内做出成绩，所以企业没有更多的力量扶持基于长期战略的新技术开发。即便是通用电气（GE）这样的超大型公司，对于新技术商业化的最长时限也不过是短短的两年。

如此这般，美国的市场环境只允许在现有项目的延长线上做一些老技术的"改良"，而很难转换为不同维度平台的巨大技术变革。美国虽然提供国家预算进行基础研究，但是依靠国家预算的研究没有民间企业那样明确的目的性，也很难结成实际的成果。

虽然已经出现了有希望成为下个世纪的骨干产业的新技术萌芽，但是因缺少研究资金而无法商业化，这造成了以美国为首的，包括日本在内的全世界的产业闭塞感。

1989年柏林墙的倒塌被称为"资本主义的胜利"，全世界都蔓延着让市场决定一切的风潮。基本在同一个时期，IT技术取得了很大进步，金融自由化也开始了。一方面，世界变成了一个统一的市场，并且因为IT的普及，交易速度越来越快。金融交易站在产业链的顶点，为所欲为，在短短的一瞬间就可以获得巨额的利润。在这样的背景下，20世纪90年代，以美国为中心，所有的行业和企业都变成了"金融商品"。另一方面，美国式的经济、经营理论一直把作为市场主导力量的企业看作"仅为股东之所有"的存在。在这种思想的影响下，企业以不论牺牲什么，都要把股东的利益最大化作为经营的指导方针。其结果就是，已经"不择手段"的经营者们暴走在追逐利益的不归路上，导致立志为社会做贡献的企业被排挤，甚至被推入深渊。

为裁员和IR奔忙的经营者

让我们回想一下，在这种时代潮流中，企业采取了什么样的对策呢？

以制造业为例，企业存在的意义应该是生产好的产品，让消费者的生活更加舒适。但是，现在仅以能否增加企业的股票市值总额来评价经营者的优劣。为了让股价上涨，最好是想办法让对冲基金买一些股票，这样其他资金也会关注这家企业；或者，经常性地提供媒体喜欢的话题以提高市场的期待值，把股票包装为受关注的形象对于提升股票市值也非常有效。在这种观念的影响下，企业为消费者提供好产品或好服务的这种最根本的存在意义，已经变得次要了。

为了提高作为企业"所有人"的股东的利益，与裁员一样被经营者重视的还有 IR（investor relations），也就是为投资者提供企业信息的"投资者关系"活动。

的确，通过裁员和 IR 活动，把背负长期积累的巨额赤字、眼看就要无法维持经营的企业的股票，从仅剩 1 美元的股价提升到 2 美元是能够实现的。一般来讲，对造成亏损的不必要经费和人员进行清理，同时对市场和投资者阐述企业将来的展望，股价可以很容易地升值一倍。

但是，同样是两倍股价，想要把已经得到市场好评的企业的股价从100 美元提升到 200 美元却不是那么简单的事。为了让股价翻倍，必须进行中长期的事业投资并使其成功，而绝不是仅靠裁员和 IR 就可以做得到的。

仅以股价升值为目标的企业终将衰败

从根本上讲，提高企业价值的正确过程，应该是踏踏实实地进行生产，并根据取得的成绩获得市场对企业的好评。不要学盎格鲁-撒克逊人的样子，爱说话原本就是他们一个重要的文化要素。如果让日本繁忙的公司总经理学着他们的经营手法，飞去世界各地举行 IR 活动，我觉得这个话题本身就是一种误导。

当然，适度的 IR 还是必要的，我也没有说经营者完全不用理会公司的股价。只是，我觉得如果只看重通过股价所表现出来的企业价值，那么所有的讨论都会流于表面化。说到底，那些数字是评价的尺度而不是目的。日本的经营者应该回归最基本的理念：企业价值在于生产消费者需要的产品和服务、让员工生活幸福、为社区做出贡献，而不是被股价等表面数字所左右。

在日本，以"活力门事件"*为契机，与企业价值相关的讨论开始活跃。在此之前，我经常能听到经营者有关"不论怎样都要增加市值"和"想办法提高股价"的声音，这些虽然听起来好像是相对积极的议题，但是我希望能借着这个机会，让单纯提升企业市值之类的论调从这个世界全部消失。借助媒体力量所进行的过度 IR 以及被日内短线交易者和投机基金所哄抬的企业价值，并不能反映出对企业的正确评价。

一家企业如果认真地进行研发，并持续对研发投资，也就是进行真正意义上的经营改革的话，想要得到成果，最少也要花费 3～5 年的时间。相反，以短期内提升股价为目的，把企业积攒的留存收益当作分红分给股东的话，肯定没有资金对下一代技术进行充分的投资，企业将会逐渐失去竞争力，一步步陷入衰败的境地。

以数字为基础的经营合理化

在证券市场中，ROE（股权收益率）是与股价具有强关联性的指标，

---

* 2006 年，时为日本互联网三大企业之一的活力门公司因财务虚报而引发证券市场恐慌性抛售，日本股市大跌。——译者注

这个指标反映股东投资的资金是否被有效利用。最近在日本也有很多声音，要求"经营要像美国那样重视 ROE"，但是如果企业被 ROE 这个符咒捆绑住，就不可能再产生新的技术。

其实，与 ROE 这样的经营指标没有过太多接触的日本经营者，为了提高经营效率，增加资金的有效利用，研究一下 ROE 应该还是有一定意义的。当然，要把 ROE 看作手段而不是目的。

美国是多民族国家，而且不问人种、国籍、年龄和性别，拥有众多不同文化背景的人会在一起工作。如果文化背景不一样，使用同样的语言也会产生歧义，通过言语向对方说明自己的想法，但对方依然无法感知己方的真实意图的情况也不在少数。语言，正代表了文化本身。于是，为了把对企业经营的判断由定性分析改变为定量分析，就采用了各种数字和指标。

将从人事上的业绩管理到市场营销、财务管理等所有的经营要素全部量化，归纳为不论谁看了都能理解的、具有客观性的指标，美式的商学院就是为了进行这样的研究而设立的。在商学院学习过的毕业生，积极开展了以使用量化分析为基础的经营活动，促进了经营的合理化。

但是，现在的商学院开始变得有些极端，教授类似"硬件行业的毛利率低，软件行业的毛利率高，使用软件的服务性行业毛利率更高"之类的理论。即便这个理论阐述的是事实，但是以此为由，因硬件产业的毛利率过低而否认其重要性，就让人有些无话可说了。

商学院的功与罪

在美国，很早就有重视通过数字来客观评价经营的倾向，商学院在制定 ROE 这类的指标上起到了一定的作用。在 1950—1970 年，当时美国企业的经营者还能够按自己的意愿设定"理想的企业形象"标准，并据此实施自己的经营方针。当时的创业者或者公司总经理，并不是很擅长将经营情况量化，而商学院的毕业生作为这些经营者的参谋发挥了自己的作用。

当时在经营上分工明确、各司其职的美国企业还是很强大的。可是进入 20 世纪 80 年代，自从商学院毕业的参谋们开始担任总经理后，企业存在的目的本身就变成了一堆数字。而且在这个时期，商学院最拿手的企业并购也开始登场了，企业间收购越来越活跃，整体经济所呈现出的金钱游戏的味道也越来越重。

我本人也曾在斯坦福商学院学习过如何提高 ROE、如何把股票市值最大化等各种各样的手段。遗憾的是，在商学院里教导学生不能用手段取代目的的有思想深度的老师并不多见。

在商学院所学的数字和指标，不过是经营上的"道具"。但是在美国，通过数字"客观"评价经营优劣的风潮，已经超过了应有的限度。

商学院的失败，起因于企图把所有的问题都转化为数字。人的动机、幸福感等原本属于定性的因素也要用定量的数字来分析，目的和手段的位置就发生了颠倒。

在日本，依然有很多人想去美国的商学院留学，在设计经济和金融领域的制度时，把美国商学院那一派的理念纳入其中的情况也很多。但是我想劝劝那些准备进入商学院学习的人，不要被他们教授的东西所影响，而是应该抱着去看看商学院的教育到底有多么不靠谱的心态去，也许收获还要大一些。

20 世纪 80 年代，福特公司出厂的汽车发生了问题，听说由商学院毕业生组成的高管团队曾经分析过：是赔付给死伤者费用合算些，还是花钱改善车辆缺陷合算些。这样的问题肯定不是需要比较，而是应该在两方面都立刻予以解决的。而那些脑子里只有追求股东利益最大化的高管们，连这样的基本原则都忘记了。只想着企业的利益最大化，反而有可能把企业毁了。

现在，那些商学院毕业、获得 MBA 学位的大多数人，每天只想着怎么才能把冠以"企业价值"之名的股价提到最高值。为了达成这个目的，他们拼命削减经费。为了减少制造商的研究开发费用，他们甚至主张连企业的中央研究所也处理掉。可是想一想吧，作为生产产品的制造商，如果没有研究所，还有什么资格被称为制造商？把原本作为提高资本使用率工具的 ROE 当作经营的目标，才会出现这样的怪事情。

只要压缩资产，ROE 就好看

以制造商为例，提升 ROE 的光明大道应该是开发新产品并使其在市场获得成功以增加销售额。但是，在 20 世纪 80 年代后的一段时期，很多经营者发现了更简单的方法，那正是商学院所教授的"秘笈"：不增加分子（利润），而是减少分母（从资产中减去负债的股东资本）。

实施这个"秘笈"，不过是把工厂连带员工一起卖掉，然后把生产外包，可以说是通过压缩资产，找到了提升"企业价值"的捷径。或者，也可以把资产变为租赁的方式，减少财务上的资产数额，就可以简单地提高 ROE 了（从 2007 年开始，日本更新了有关租赁交易的会计标准，通过这个手法提高 ROE 变得困难了）。不过，事实是很清楚的，"秘笈"没有改变任何实质性的东西，这些手段不过是只能被称为歪道邪门的所谓的金融技法。

被那些使用小技巧提高 ROE 的所谓的财务专家所蛊惑，美国对企业经营的看法，是越来越重视有什么技法可以使财务报表变得好看。有很多企业在进行 IR 的时候，都强调今后如何提高 ROE 的数值，但那绝不是一个负责任的企业应有的姿态。

把 ROE 与股价关联不过是暂时的流行

虽说现在股价与 ROE 的关联性很强，但这个趋势是从 20 世纪 90 年代以后才开始出现的。在那之前，从 80 年代中期到 90 年代前半期，与股价关联最密切的是 ROA（资产收益率）。与 ROE 不同，ROA 的分母不是股东资本，而是包括所有经营资源的总资产。这些资产在何种程度上被有效利用决定了企业的收益，所以成为左右股价的重要指标。更早以前，在 20 世纪 60 年代到 70 年代，比起实际收益，每股的预测收益（EPS）更受到重视。

决定股价的这些指标，就像时装界的流行那样随着时代变换。ROE 在证券市场开始受重视，与开始大力宣扬"企业仅为股东之所有"的风潮是同一个时期。

不启动新的项目，只是对手头的经营项目进行整理以提高 ROE 的数值，在某些情况下，这样的快刀斩乱麻是可以接受的。但是，如果经营者只追求下一个财政年度的 ROE 数值的上升，那就基本不可能采用"让资本充分成熟，在长远的将来获得利润"的经营方针。ROE 经营可以把"现有的"效益最大化，但是不能把"现在没有，但将来会有的"价值最大化。不仅如此，经营者只有主动放弃"将来的"价值，才能使 ROE 的数值上升。话说到此，事实已经很明确了，ROE 至上主义的经营是无法应对今后的产业转换的。

而且，虽然现在流行的是将 ROE 与股价关联在一起的评价方式，但是今后的市场一定会要求出现新的指标以替代 ROE。目前的市场流行趋势起因于产业大方向从 ROE 数值较低的"实物型工业产品"向 ROE 数值较高的"知识型工业产品"的转换，而市场对此做出了过度的反应。对于这一点，我将在第二章做详细的说明。我认为，在 IT 产业即将进入新阶段的今天，并非只有 ROE 数值高的企业才能成为产业的主角。

时价会计、减损会计是什么

我们已经谈到，在美国，因为过分的时价会计主义而造成的、无视中长期经营而只追求短期利益的企业越来越多。在此我想与大家一起分析一下，作为国际通用的会计准则，这个正在被日本社会逐渐采用的美国式的会计标准到底是什么。

先进行一下假设：企业以 1000 万日元购入的土地的价格在第二年下跌到 800 万日元。因为资产的时价下跌，其差额的 200 万日元被计入损失，这是时价会计的基本原则。而这种损失一般会与企业的销售收入抵消。也就是说，企业以 200 万日元购入原材料，加上一倍的利润后销售，创造了 200 万日元的销售收入，而该项收入与资产的损失抵消后，企业的年收入会变成零。按照这种模式，以时价为基准计算当年资产价值的方式就是时价会计。在时价会计的概念之下，当资产价值下跌时，将减少的部分计入损失的，是减损会计。

当采用时价会计制度时，即使企业主业的进展良好，但如果其所持有的资产价格下跌，在财务报表上显示的企业整体收入也会受到极大影响。因此，企业纷纷转换方向减少资产。美国企业避免持有大型资产，首先是为了提高 ROE 的数值，而时价会计制度则进一步加快了这种趋势。制造商如果购买土地建设新的工厂，那时土地价格的下跌可能会成为降低企业收益的原因。故此，将订单委托给其他企业的工厂生产，则成为规避风险的一种方式。

促使景气振幅激烈变动的时价会计和减损会计

从另一方面设想，如果企业拥有的土地和股票的价格上涨的时候会发生什么情况呢？只要不把上涨的资产卖掉，上涨这部分资产的获利是不能计入财务报表的，而只能把它当作潜在收益看待。这个潜在收益因为不能计入财务报表，故此一般的投资者是不知道的，但是经营者和银行能够掌握这个情况。所以，当土地价格上涨的时候，就会出现用土地的潜在收益为担保向银行贷款的情况。这种情况普遍出现的话，土地的价格会进一步上涨，潜在收益也会进一步增大。

如果景气恶化，则会出现相反的情况。土地和股票价格的下跌因为减损会计制度而直接对企业的财务报表造成影响，资产的下跌会成为众所周知的事实。这时，谁都不想购买处于下跌状态的土地和股票，故而产生连锁反应，导致价格进一步下滑，陷入景气恶化的下降旋涡。时价会计、减损会计的最大缺点，就是使景气变化的幅度产生超越常规的剧烈震荡。

当然，时价会计制度也有它的长处。如果企业持续经营10年、20年的话，就会积攒下很多不良债权之类的污垢，这时候根据时价重新计算，做一次"资产的总清理"，对企业来说不是坏事。但是我认为，如果1年4次，都按照时价会计制度公布企业的财务报表，那么它在短期内使景气振幅加剧的恶劣影响就值得认真看待了。

此外，汇率有时也可能会左右企业的结算。比如有些制造商80％的销售额都依赖出口，就会因为汇率变动而出现非常规的损益，以此为标准估算企业的业绩和价值，实在是无稽之谈。

日本社会开始关注时价会计和减损会计，正好是与银行拥有的庞大不良债权引发社会问题处在同一时期。的确，价格下跌且已经没有再次回升可能性的土地，不应该一直按照购买时的高价格进行评价。因此，时价会计制度对于不良债权的处理是适用且有效的。但是，如果把土地和股价的短暂下调全部按照时价会计原则做损失计算，并以此为根据将其出售，那么，就会把不良债权的范畴扩大到正常标准以外了。

探讨不是模仿美国的新的资本主义规则

所谓景气的变动，说起来是以秒为单位变化的。实时追踪每秒都会上升或下降的景气变化，在资产价格下降时将"损失"消除掉的时价会计、减损会计的理念，从逻辑上讲也许应该算是正确的。但是，对于经济成长的本质，有必要从更长期的角度进行观察。我认为，大家在使用这种观点进行观察时会发现，时价会计和减损会计误导出了错误的价值判断。

在此我必须指出的是，时价会计和减损会计说到底是站在保护作为投资方的基金的立场而设计的会计制度。它绝不是从那些即便背负风险也想要创造新兴产业的创业者的角度而设计的会计标准。不要再理会被追求短期利益的巨大基金所支配的美国和英国了，如果日本或亚洲想要创造地球的未来，时价会计和减损会计制度是不适用的。

当然，我们也有需要从美国的会计制度中学习的东西。比如，在日本，一般企业与政府机构的会计标准不一样这个事实已经被大家接受了，但是，就连政府机构的会计标准也不是统一的，不同的政府机构对经费项目的解释完全不同，这就实在令人费解了。在这方面，美国的企业和政府机构的会计标准完全相同，非常容易理解。在这一点上，日本特别应该向美国学习。

相反，如果对日本企业胡乱使用美式的"现金收支折现法"（discount

cash flow，即预测经营项目和企业资产在将来可能产生的现金，并将其折算为目前金额的评价手法）进行价值评估，那会出大乱子。如果将现金收支折现法"照方抓药"地推广开来，那么在这个世界上，恐怕所有研究开发型的新创企业都会消失的。

所以说，日本的企业既没有必要完全照搬美国的会计制度和企业评价手法，也没有必要被美国标准搞得无所适从，而是应该铭记：只吸收好的精华，而对不好的部分进行彻底分析；之后，就可以在此基础上创造出超越美国的制度了。

如果所有企业都被时价会计和减损会计的风潮所影响，以益格鲁-撒克逊流派的"企业仅为股东之所有"这种论调为前提，在经营上只顾追求市价总值的提高，那么，市场上就只有劳务派遣、电子制造服务（EMS，指在制造流程上特定的代工工厂）及租赁业这些为企业提供减轻资产服务的行业能做得顺风顺水了。而那些真正产生价值的企业在这种风潮里会被不断侵蚀，有一天，这种情况终将导致资本主义的破灭。

世界需要一个通过产业创造更多的雇佣机会、使人们的生活更加幸福的全新的资本主义规则。

"企业仅为股东之所有"的错误

如果思考一下有关美国式的经营方式及其窘困的现状，我们会发现，所有的症结都可以追溯到作为公司治理（corporate governance）核心价值观的"企业仅为股东之所有"。

企业存在的目的就是提高股东的价值，简而言之就是股价。而且，这个目标越是在短期内实现，市场越会认可企业经营者的优秀。2000年以后，以安然公司为代表的美国大企业发生的一系列会计造假事件的根本原因，也在于"企业仅为股东之所有"的错误观念。如果坚持以这个错误观念为基调，讨论在企业内部将经营和监督功能彻底分离并设置不同的委员会也罢，抑或商议采用折中方式进行调整也罢，都不过是水月镜花。

从根本上说，所谓企业是包括了员工、顾客以及供货商在内的公共（public）所有物，而绝不是仅为股东之所有。当然，如果股东能够 5 年或 10 年长期持有企业的股票并对该企业提供支持，那么也可以将这样的股东称为"企业的主人"。

但现状是，美国大企业的大部分股东考虑的都是：希望股票在短期内升值，并将其售出获利。也就是说，他们关心的不是企业经营的内容，而仅是自身利益的最大化。即使是一般情况下被称为"好股东"的养老基金，其购买股票的目的也不过是获取短期的投资收益。

把寻求短期收益的股东包括在内，将企业定性为"仅为股东之所有"的荒唐想法之所以能够得到认可，是因为在短期内的股价上升不仅仅对股东有利，对企业的 CEO（也是最高经营责任者）也是一件好事。

CEO 持有股票期权（stock option，即在规定期限内以现行价格购买本企业股票的权利），所以也能获取短期内股价上涨的收益。为了自身的利益，他们在想尽办法提升股票的价格。

侵蚀企业的"CEO 无赖"

在美国，业绩下滑的企业从外部招聘 CEO 是常有的事。

在这种情况下，我们经常能看到该企业会发生过度裁员现象。新来的 CEO 一上任，首先会对过去的累计损失进行清算。有些时候，不仅是过去的损失，对于将来可能发生的损失也要单独列举，作为特别损失计入财务报告。比如有些典型的手法是：第二年有裁员计划的企业，会计算裁员时将会产生的费用，并提前列入损失。

如此增加损失的额度，企业的股价当然会大幅度下跌，而这正是新 CEO 所希望发生的。将股价压至最低，然后以 CEO 为首的经营团队会以此价格获得购买股票的期权。我在某一时期甚至还经常发现有些经营者在企业股价再次下跌的时候，使用期权重新定价手法降低自己的期权约定价格，希图将自身利益再次扩大。

在实施了上述的手段后，如果注意削减经费的话，有 2～3 年的时间企业的利润会自然增长。通过裁员实现"仅限外表的企业重建"，再利用 IR 提升股票价格，然后行使自己的期权，这对 CEO 而言，简直不费吹灰之力就获得了利益。但是请问他们到底创造了什么价值？是 0。

在美国这种"CEO 无赖"有很多。这就是美国普遍存在的企业治理的现状，也是那些被人敬仰为"经营奇才"的 CEO 的真实形象。这种社会结构不仅成为孕育"安然事件"的温床，更可能连累那些对社会有益的企业，并将其推入深渊。

期权制度存在的理由

对于未上市的企业来说，为了提升企业全体员工的士气，给予股票期权是必要的。对很多尚未产生利润的新创企业来说，其并不丰厚的薪水无法鼓舞员工的工作激情，所以会在企业的股票上市之前，利用期权制度给予员工购买本企业股份的权利。根据这种制度，不仅是经营团队，包括文员和前台在内的所有员工都可以在股票上市时获得资本收益（capital gain），所以为了提高业绩，大家会拼命工作。

就新创企业而言有一件非常重要的事，那就是：拥有远大理想和具体商业策划的创业者、出资的风险投资公司，再加上负责运营企业的管理人员，这三方应均等地持有企业股份，并且在股票上市时保证全体人员都能获得利益。最早出资的风险投资公司以及从零开始的创业者成为大股东当然是没有问题的，但是后续进入的管理团队，即使出高价购买企业的股份，一般来说也是不可以成为大股东的。

期权制度从根本上讲，是给予"产权所有者以外的人"以低价购买股份成为企业股东的机会。从这一点上讲，在日本的新创企业中有时会看到的产权所有者也伸手要期权的事情，是违反基本原理和原则的。未上市企业的期权，应该以对企业的贡献度为标准，设计合理的持股构成比率，并有效分配股份的所有权，以激励与企业相关的所有人的工作热情。

上市公司应该取消期权奖励

已上市企业的期权是性质完全不一样的东西。在证券市场上，如果有"坐庄的人"，则股价会上涨；反过来，如果出现"黑色星期一"那样的情况，则股价会直线下跌。同样，即便企业的业绩是增收增益，但如果宏观经济整体有收缩倾向，企业股价在短期内下跌的情况也会出现。也就是说，上市后的股价高低，与其说是根据企业的努力，不如说是根据供需关系，受外部因素的影响而决定。

在1997—1998年的美国泡沫经济期间，就算是猴子去经营一家企业，股价也会升高。在这种情况下给经营者期权，从理论上是讲不通的。企业的业绩和股价，如果以数十年的长期眼光看是有联动关系的，但是，以CEO为首的大企业的经营团队仅任职短短数年，严格地说，其任职期间股价的变动与他们的业绩是没有关系的。

20世纪90年代作为硅谷企业的榜样而风靡一时的硅图公司（SGI Silicon Graphics），在2006年5月申请适用《美国破产法》第11章，成为实质性的经营破产案例。而造成这一后果的最大原因之一，我认为是期权制度。在这个制度的影响下，经营团队只考虑如何提高下一阶段的股价，而员工中的优秀人才则会在股价下跌的时候毅然决然地辞职离开。

擅长在短期内提升股价的经营者，一般都是在裁员、利用压缩资产改善 ROE 以及在 IR 方面很有手腕的那类人，而往往是这些人，也擅长在短期内行使期权以获得巨大收益。跟着这样的经营者，员工的工作热情会消失殆尽。在日本，大众对期权的印象基本都是好的方面，但它有可能加速企业衰落这一方面，也应该让更多的人知晓吧。

至少，把股价与短期业绩相关联的期权设定是错误的，用"股价市值提高了多少"来评价经营者的优劣，这种想法也是有问题的。为了长期的、稳定的发展，上市企业绝不应该采用期权制度。而在迎来新资本主义的今天，已经采用期权制度的上市企业也都会向着废除期权的方向发展。这是因为在现实中，大企业的期权只是给企业上层的一小部分人提供了资本收益，使得企业的收益分配不断失衡。

为了除掉这些弊端，我认为首先应该废除上市企业的期权制度。

虽然与我的质疑理由不同，但美国及日本都在 2005 年左右修订了企业的会计标准，在大多数情况下，期权与工薪等一起被计入了费用。这个"费用化"使得赋予期权的操作变得困难，对大企业来说，轻易地赋予期权反而成为影响业绩的绊脚石。

对冲基金是什么

自从东西方冷战结束、喧嚷"资本主义的胜利"的 20 世纪 90 年代开始，对冲基金在美国市场就开始拥有压倒性的话语权。

这个对冲基金到底是何方神圣？

简单地说，对冲基金就是指：只关注股价、商品行情以及货币汇率等在交易中存在的"将来的理论值与现状的背离"，并为此投入资金，以获取差额为目的的基金。这种基金与立足于长期视野、以培养企业为己任的风险投资公司是对立的两个极端。有些读者可能会感觉，在对具有风险的项目投资这个意义上，两者有相似之处，但说到底对冲基金是谋求短期获利的。

曾经的对冲基金与今天不同，也是有其基本的社会责任的。在实物经济主导的、以现有产品的供需关系为前提形成的市场行情中，有时商品价格的变动会非常激烈。对冲基金（hedge fund）正是为了屏蔽（hedge）风险而产生的。

但是在对冲基金规模发展巨大的今天，它已经与原来的使命相违，演变为趋势投资者（momentum player，即利用股价变动趋势追求短期获利的投资者），担当了将商品或股票的价格在实际价值的基础上大幅度提高或者大幅度压低的角色。据有关报道，2004 年以来的石油价格高企就是因为对冲基金的参入而使得价格不断创下新高。

货币也成为投机的对象，最具代表性的例子就是被大家传为乔治·索罗斯率领的基金所引发的"泰铢危机"（1997 年）。那次事件还波及周边的国家，导致发生"亚洲金融危机"。大量卖空使基金挣得了数兆日元的盈利，但其所引发的货币危机使得对象国的普通国民陷入了贫困的谷底。虽然后来听说索罗斯拿出了一部分利润去支援贫困人群，但这样的商业模式大家以为如何呢？

"小池子里的大鲸鱼"

从 20 世纪 70 年代开始逐渐活跃的对冲基金，其初期的使命是为了平抑市场价格的混乱。但后来，一部分富裕阶层的人士发现它是一种可利用的理财手段，从而演变成一种为少数人服务的金融工具。对于当时资本市场的整体规模而言，对冲基金的交易者人数较少，所以在那个时代它的确可以实现很高的回报率。

逐渐地，当发现对冲基金可以挣大钱的时候，机构投资者的资金就开始进场了，现在是连普通的个人也可以组建对冲基金了。1997年的时候，对冲基金共有5500只，资金量是3000亿美元，这个数字到了2006年就变为10000只，而资金量达到了1兆5000亿美元，其规模的增长以加速度持续*。

与市场规模相比，对冲基金的急速扩张是让人惊讶的。目前的对冲基金简直就是放进"小池子里的大鲸鱼"，已经成为只要把钱投出去就可以影响市场动向，并以其自身的意志决定市场价格的怪物了。

"老鼠会"的恶性循环

说起来好笑，对冲基金的规模越变越大的结果之一，竟然是导致自身的业绩下滑。因为进场的交易者太多了，所以增加了很多"不挣钱的对冲基金"。

因为竞争激烈，很多对冲基金开始增加借款或者反复使用信用交易的手法。也就是说，使用杠杆（leverage，即使用别人的资金，以图提高自有资本的变动性和利润率的方法）增加倍率，使可使用的资金量变得更大。

---

* 对冲基金在2008年达到了最大规模，其后受到金融危机影响规模有所减少。但一段时间后再次活跃，2012年大约有14000只基金，资金量也超过了2兆美元。

如此这般，投入市场中的资金额越来越大，而投资失败时受到的损害也会越来越大。最后导致的结果就是风险大、获利小的情况在进一步恶化。对冲基金的生命周期就是这种循环，而最后加入的人将承担一切恶果。从这一点上讲，其危害与搞传销的"老鼠会"性质是一样的。

对冲基金这种越吃越肥、越肥越吃的恶性循环，在现实中给现代资本主义经济带来了各种复杂的恶劣影响。

比如，原本是为了调节市场价格避免暴涨暴跌的对冲基金，成为拥有"扭曲价格能力"的存在，反而使行情产生震荡。市场推测，各国中央银行准备的市场介入资金的金额是每天10亿美元（2004年日银进行的大规模市场介入达到了每天100亿美元），而对冲基金却拥有其1000倍以上的资金。这些资金一旦同时动用，对市场的影响简直无法想象。

在以原油和谷物为首的商品交易市场中，期货价格如果仅是以实际需求为标准决定的话，那么价格就不会上升过快。但是，像对冲基金那样对实物商品没有需求的资金一旦大量进入市场，就别再指望会有健全的价格机制了。这群仅将"以钱生钱为使命"的家伙在交易市场的恣意横行，是现在的资本主义背负的一个重大隐患。

有资产但创收能力低的公司会被盯上

对冲基金投机的矛头，也会指向企业的股份，这种事态会给企业带来严重的影响。如果企业的股价在很短的时间内，频繁发生与实际经营状态无关的变动，对经营者而言实在是非常令人不安的。此外，货币及商品的行情如果发生大幅度振荡，调配原材料以及进出口的计划也会因前景不明而频繁调整，企业难以实施稳健的中长期经营策略。

对企业来说有两个指标是最基本的：一个是持有多少土地和现金，也就是资产；另一个是如何运用那些资产获取利润，也就是创收能力。如果是没有资产的公司，无论创收能力多么强大，只要失败一次公司就会倒闭；相反，有资产的公司，即使做风险很高的项目遭遇失败，也还可能东山再起。

现在，对冲基金盯上的就是资产很多但创收能力不足的公司。

在日本，有很多公司持有在半个世纪前购买的纺织企业的股份。因为这些股份是按照购买时的价格记入公司账簿的，所以公司拥有很大的潜在收益[*]。

但是，这个潜在收益是一般的投资者看不到的，这种有很多资产但创收能力不够好的公司的股价，在市场中有被低估的倾向。

"敢说话的股东"自我矛盾

最近，很多基金被称为"敢说话的股东"，在日本非常引人注目。这些基金都盯住了前述那些企业的资产，对媒体大声呼吁，要求企业将资产"有效利用"以使企业活力再现。我以为，这种"敢说话的股东"基本上都可以看作是对冲基金的一种。之所以这样讲，是因为他们的行为并不是帮助企业重建或者提高企业的活力，而只是企图卖掉企业的资产把现金分掉。

像Steel Partners和村上基金那样变身成为大股东以后就催着企业清理资产的基金，之所以能在市场上横行霸道，还是因为大家过于看重股价与ROE的关联。对冲基金瞄准的目标都是那些"有很多资产但是创收能

---

[*] 日本原属于纺织行业的佳丽宝（Kanebo）、东丽（Toray）等企业，现大多成为生产高附加值产品的高科技公司，股价大幅上涨，故此50年前所购买的股票有极大的潜在收益。——译者注

力不足的公司"，也就是 ROE 较低，因此股价也较低的公司。将闲置资产全部卖出，账面金额和销售价格之间的差额就成为企业的利润，对冲基金不仅吵着要把这些现金全部分配给股东，同时还准备收获因股价上涨而产生的资本利得。

"敢说话的股东"都会异口同声地向经营者提出要求：我们是"企业的所有者"，我们唯一的要求就是提高企业的价值，当然也就是股价。这些人主张，正是因为他们成为股东才敦促企业改善了因循守旧的经营体制，并最终提高了企业的市值。他们的话虽然听似很有道理，但是细想一想，就会发现其中包含着本质性的矛盾。按照"敢说话的股东"的要求将资产缩减，并将留存收益当作分红交付出去，企业就无法进行虽然风险较高但必须实施的研发，也无法断然实施中长期的投资，企业的路将会越走越窄。同时，如果发生灾害或无法预测的事态，对于那些坚守对员工和客户负责态度的企业而言，内部留存收益也是必不可少的。

内部留存收益对于企业中长期发展意义重大，但这在"敢说话的股东"看来却无关紧要，因为他们根本不考虑什么才是企业真正的价值。所谓"企业价值的最大化"不过是他们的伪装，他们最大的目的是在短期内卖出、获利，然后离场。他们所说的话，不论听上去怎么合情合理，但实际上都是对企业的威胁。

在美国，甚至有身为大股东的对冲基金将企业解体清算的粗暴做法。如果将企业的资产当作分红分配出去的话，需要交纳法人税等双重课税，为了规避纳税，他们的办法是把企业的所有财产全部卖掉，将企业解体，然后把剩余的资产分给股东。

这虽然是极端的例子，却是从原理上忠实地践行了"企业仅为股东之所有"的理念。只要是对股东有好处，当解散公司可以实现"股东价值"

最大化的时候，解雇几万名员工又算得了什么？给出如此定义的，正是现今的资本主义。

可是大家想一想，如果这样的做法都可以被认可的话，对社会而言，企业还有什么存在的意义呢？

限制对冲基金

应该如何应对急速扩张且以投机行为干扰企业经营的对冲基金，到目前为止，已经有过多次探讨。

在经历了亚洲和拉丁美洲的货币危机后，"掌握对冲基金的实际情况"这一课题在科隆峰会（1999 年）上被广泛提及。这一动向也推动美国证券交易委员会（SEC）强化了对冲基金的登记制度，这些措施虽说属于事后诸葛亮，但是针对对冲基金的管控总算是缓慢地启动了。

时任德国首相的施罗德曾经呼吁将有关信息公开的国际统一标准列入2005 年世界首脑会议的议题。2007 年在科隆举办的七国集团财长与央行行长会议（G7）上，也针对有关对冲基金的管控问题，在态度消极的美、英两国及希望加强管控的德国等国家之间进行了持续地交涉和协商。但是这些政策说到底也只不过是加强了信息的透明度，而并不是解决对冲基金危害的根本办法。

那么，应该如何应对呢？我觉得应该设立新的市场竞争规则，以制止对冲基金对世界经济造成危害。甚至有必要制定世界性的法律法规，以便在紧急事态发生时，能够控制对冲基金的行动。

比如在货币领域，如果投机资金盯上了混乱的变动汇率制，那么有关方面可以毅然决然将行情改变为固定汇率制。市场普遍认为，目前被广泛采用的变动汇率制是最合理的选择，这个想法实在是一厢情愿。马来西亚的时任首相马哈蒂尔为了应对在 1997 年开始的亚洲金融危机而采取的手段正是这个思路。他在责难索罗斯基金的同时，将汇率改为固定汇率制以对抗索罗斯。那时，美国的大多数专家预测，将汇率改为固定汇率制将给马来西亚的经济带来毁灭性的打击。然而，与那些专家的预测相反，这个应对方法取得了非常好的效果。

纠正现行资本主义制度的缺点

可以比较和分析一下商品交易中的价格变动规律，把以实际需要为基准的价格变动和对冲基金介入时的价格变动做对比，并以此为基础，应该可以研究出更有效的危险规避理论。我们需要通过这样的研究建立一个经济模型，设计出新的交易模式，以规避对冲基金所带来的危害。同时，我觉得有必要在全球规模的资本市场上将对冲基金的资金规模、时期和资金入场速度的测定方法进行统一管理。

也许市场上会出现一种担心：如果无视已经融入实体经济的对冲基金的存在，是不是会招致股价和行情的下滑？从现状上看，的确不仅在美国，甚至在日本也有养老基金等机构投资者把很多资金投入了对冲基金。

但是，对于没有对冲基金企业和市场就不能运转的担心，我的回答是明确的"不!"我甚至觉得应该鼓掌欢送对冲基金的离场。现在大多数对冲基金的存在，只不过是使股价和商品的价格更加无序地大幅度振荡罢了。如果清除这些对冲基金的话，市场应该能更真实地反映出实体经济的状况。

和对冲基金的对立，在某种意义上，是为了纠正所谓"市场决定一切，价值就是所有"这种过于极端的市场万能型资本主义的缺点。时下在美国盛行的这种资本主义制度，其自身结构已经老化并逐渐开始出现破绽，如果任由这种状态发展，我非常担心现行的资本主义制度有可能在20～30年内崩溃。

如何才能管住"敢说话的股东"

下面，我们来思考一下企业的对策。

用裁员的手段提高ROE数值、实施媒体喜欢的IR，再加上邀请有名的对冲基金购买股票的话，也许企业的市值总额是可以上涨的。但是，如果作为购买股份的回报，把企业重要的留存收益当作分红分给对冲基金，企业必然无法实施对将来的投资，其结果就是企业及整体经济失去竞争力。我以为，对于那些提出违反企业存在意义要求的"敢说话的股东"，应该进行管控了。

有人想从"企业防卫"的视点，讨论使用什么样的小技巧来对付那些与经营团队意见不一致的股东，从而在他们手里保护企业。但是，这无法从根本上解决问题。比起那些小技巧，禁止基金最喜欢的"短期内销售资产"，在结构上缩小基金可能的收益会更管用，那些基金应该就会自动退场。

再来设想一下股东要求企业拿出常年积攒的内部留存收益增加分红的场景。可是就算企业拿出了内部留存收益，如果得到分红的只是包括"敢说话的股东"在内的"临时股东"，那也是不公平的。如果决定必须分配内部留存收益，也应该对最低过去5年，长一些的话追溯到过去10年的曾经的股东都进行分红。如果实施较为极端的100%增幅的分红（以前的分红如果为50日元的话，新的分红在100日元以上），使用这条规则应该会产生重大的意义。

或者，批准一条要求"敢说话的股东"一旦与经营产生关联则不可以在短期内出售股份的法令，我认为也是切中要点的。既然是要求企业"改善经营"的股东，那么该股东被视为负有监管企业改善效果之责，其有义务持有该企业的股份 5 年以上。

如果那些"敢说话的股东"打算成为企业真正的股东，是站在长期战略的立场上对企业的经营改善提出要求的投资者，那么，即使有了上述的法规也会继续自己的投资行为吧。而那些以"敢说话的股东"形象在媒体进行持续呼吁，但实质上不过是谋求赚了钱就跑的对冲基金，一定会被上述的法规自然淘汰的。

暗影中的"地下"证券市场

在现今的证券市场，对冲基金飞扬跋扈。有些大企业从企业战略的角度出发，为防止敌意收购，采取了退市的手段。但是，如果去查看一下那些完成了管理层收购（management buy-outs，MBO），并实现了股票不公开上市（going private）的企业的幕后大股东的话，你会发现超过半数的是那些大型的养老基金。从企业方面看，与其被蛮横的对冲基金说三道四，不如找一家与经营团队意气相投的养老基金合作更让人心情舒畅。

迄今为止，对基金公司来说，证券市场最大的意义就是能让股份流通。对冲基金即使当上大股东，提高了"企业价值"，但如果没有证券市场，股份当然也卖不出去。所以一般情况下，基金公司进驻不公开上市企业后，都会要求企业再准备上市。不过，从 2005 年开始，情况发生了较大的变化。

随着基金的绝对数量以及运用的资金额的增加，在证券市场的交易以外，开始出现了在基金之间直接买卖股份的流动性。当这种可能性出现时，就多出来一条新的"出场通路"（exit）。这个通路可以在不让企业上市的情况下，使得对冲基金有机会成为企业的股东，提高企业价值，然后将企业的股份转手销售。这种市场有越变越大的倾向，现在已经形成了与纽约证券交易所同等规模的"新市场"。

但是这种所谓的"看不见的市场"，说到底是基金和基金之间的一对一交易，是没有固定的交易原则的。不仅交易本身极其不透明，而且形成了一个部分基金管理者之间的"俱乐部交易"，不仅没有给予实际创造企业价值的工作人员应有的利益，而且只是让富人更富有。即使企业借助基金的力量不公开上市，最终也还是不能从根本上改变"企业仅为股东之所有"这种观念带来的弊病。

三角合并的问题出现在哪里

最后，我想与大家一起思考一下三角合并的问题。三角合并是在2006年实施的日本新公司法中被认可的规则，其准备期为一年，于2007年5月在日本解禁。

三角合并，是指以交换企业股份为手段进行的收购。所谓股份交换，是指在收购其他企业时，不使用现金购买对方企业的股份，而是将总公司的股份交付给对方，并以等价换取对方企业的股份。

在美国，这种手法被频繁使用的背景即起因于为提高 ROE 数值。已经有很多企业的现金被消耗掉了，手里没有在市场中购买股份的现金该怎么办呢？他们想出来的办法就是把被市场评价过高的本企业股价当作"货币"，用来收购其他公司。

根据日本 1999 年的商法修正案，此种企业收购方式已经极具实操可能性，在日本国内的企业间已经开始使用。比如像活力门公司，利用本企业的高股价一个接一个地收购其他企业，引发了市场的关注。

在一般情况下的企业合并中，被 A 公司合并的 B 公司的股东，会根据其当时所持有的 B 公司的股份数量，接受 A 公司的股份。合并后的新的 A 公司中，会存在原来的 A 公司及 B 公司的股东。

在三角合并的情况下，打算收购 B 公司的 A 公司首先会成立一家自己出资 100％的 C 公司，然后让 B 公司和 C 公司合并。这时，以等价原则交付给 B 公司股东的还是 A 公司的股份，从而仅以收购完成后 A 公司的股东有所增加这一情况看，与上述收购手法的结果是一样的，但是 B 公司是 A 公司 100％的子公司这一事实关系会继续留存。

这种三角合并如果解禁，那么外国企业通过日本的子公司收购日本企业将会变得容易。针对敌意收购的企业防卫是今后应该重视的重要课题，这是在新闻报道中也能经常看到的论调，但事实仅限于此吗？我认为，在三角合并中还有更为本质的问题。

自 2007 年开始实施三角合并的日本第一件案例，是花旗集团收购日兴（Nikko Cordial Group），但是在这个案件之后，由于手续过于繁杂，该收购方式没有得到普及。

从虚业到实业的转移

在三角合并这种以股份交换方式进行的企业合并中，合并时的股价是重要的决定因素。不管是什么暂时性的理由，只要股票价格足够高，就能开出对己方更有利的条件将对方的公司收入旗下。

但是，请冷静思考一下：比如咖啡公司为了向客户提供一杯咖啡，需要进行挑选原料、投资建厂以及人才培训等各种企业行为。如此脚踏实地进行经营的公司，在现今的证券市场上是否会被给予很高的估价呢？结论还真不好说。比起像咖啡公司那样站在长期战略视角踏踏实实努力工作的企业，最近的网络公司却在证券市场上得到了很高的估价，这些网络公司还以其高股价为武器收购其他企业。这种情况，可以任由其蔓延吗？

现在一说起新创企业，很多人会联想到那是以自家企业的高股价为武器，接连不断地收购其他企业，并仅因大量收购而得以成长的网络公司。现在的年轻人中，好像也有很多人梦想成为那样的新创企业的经营者。一般而言，人们会觉得上市公司虚报收益的行为是恶劣的，而利用证券市场评出的高股价收购其他企业，并以此提高本企业市值的行为就没有那么过分。

在现实中，三角合并有进一步助长这种风潮的危险，因此对这个问题，不应该像当年对待美国黑船来袭*一样，仅停留在情感层面的讨论。

实际上，最欢迎三角合并解禁的，是那些专注于股价中"将来的理论值与实际状态的背离"，并希望以此获利的对冲基金。对于因自身发展过于庞大而成为"小池子里的大鲸鱼"的对冲基金而言，三角合并简直就是帮助他们扩展变得越来越小的活动空间的不可或缺的存在。

问题在于，使用三角合并这样的方式进行收购的企业，要看它是否坚持站在中长期的战略角度进行企业活动。但遗憾的是，对于这个疑问的回答基本上都是"不"。就像我已经指出过的事实：是证券市场本身过于高估某些特定行业的利润率，从而使那些行业的企业以自身的高股价为武器收购其他企业的战略得以实施。而决定最终股价的是市场的供求关系，所以在目前的证券市场，利用 IR 来暂时提高股价也是有充分可能性的。我

---

*　1853 年，美国海军将领佩里率领涂成黑色的蒸汽军舰逼近东京，要求日本开放国门，引发日本全国恐慌。——译者注

觉得，单纯比较没有真实反映企业业绩的股价，然后股价高的一方吞噬掉股价低的一方，这种情况持续下去是不会有好结果的。

利用并不反映企业实际业绩的股价来收购虽然有业绩但是股价不高的企业，这就是所谓的"从虚业到实业的转移"。也许在年轻人眼里，这种通过收购的扩张，比起从零开始一点点努力开创的实业要快速而且帅气得多。但是，这种手法终究还是基于"企业仅为股东之所有"的错误理念，可以说在很大程度上脱离了正规的经营。

如果所有人都相信所谓服务业会产生高附加值、制造业不产生附加值的逻辑，而全部转行去做服务业，那么今后到底由谁来制造产品呢？

"制造"，对人类社会具有极为重要的价值。我确信，在即将到来的新时代，人们将会重新审视这个问题的意义。

第二章 >>>

新技术创造新产业

引领世界经济的骨干产业是什么

回顾历史，能看到任何一个时代都有牵引世界经济的骨干产业。纺织、钢铁、汽车、电子产品和以计算机为中心的 IT 产业等。刚一开始时，这些都是以最先进商品的姿态出现的，然后，随着时间的推移，产业主体开始从发达国家向发展中国家发展，逐渐成熟，并最终走向衰退。

这种骨干产业的迁移带来的是技术的革新。开发出新的技术，然后以此为基础创造新的骨干产业，如此周而复始，资本主义经济得以发展到今天。如第一章所述，现今世界所面临的闭塞状况，和人们至今未能看到引领下一个时代的骨干产业的出现有密切的关系。

看到这里，也许有人会觉得我所提到的，不过是简单的工业领域中的科学技术发展问题。他们认为，除去工业领域以外，还有以运输业、以买卖为主的商业和物流，各种形式的服务业以及农林水产业；此外，还有很多行业在不同的领域中一直存在。

但是，我在这里使用的"骨干产业"这个词，所要指出的并不是狭义的某个时代的明星产业，或者短期流行的某个行业。骨干产业正如字面所示，是能让所有人变得丰足、为经济带来发展、成为时代力量源泉的产业。

那么，骨干产业是如何改变我们所生活的世界的呢？创造骨干产业的技术，具体又是指什么呢？

引发产业根本性变革的核心技术

众所周知，18世纪末英国的詹姆斯·瓦特（James Watt）大幅改良蒸汽机而引发了之后的产业革命。像改良蒸汽机这种能带动现有产业发生根本性变革的基本技术，我们称之为"核心技术"。有资格被称为骨干产业的新兴产业，其诞生的源头一定有若干核心技术的存在。

如今我们都知道，蒸汽机是汽油发动机和柴油发动机等内燃机的前导，是伟大的技术革新。但是，当时蒸汽机的重要性并没有被社会广泛认知，很多人都困惑于该如何应用这个新事物。这也算得上是核心技术的显著特征之一吧。

蒸汽机也曾受到同样的质疑。在初始阶段，因其完成度低、工艺粗糙，很多人并没有看到蒸汽机发展的可能性。当时的知识界人士认为蒸汽机不仅体型大、噪声大，气味还很重，用途不会很多。大家基本上还是认为马更好用，这在当时是"常识"。马形态小巧，跑得还快，更不需要那种被称为"轨道"的东西。

但是，当以詹姆斯·瓦特改良的蒸汽机为基础，理查德·特里维西克

(Richard Trevithick) 和乔治·史蒂芬孙（George Stephenson）等人将改造后的蒸汽机车投入使用后，人们的看法逐渐发生了改变。与发动机这种核心技术相比，具体的实用方法更容易进入大众的视野，因为实用方法是每个人都容易理解的（见图 3）。

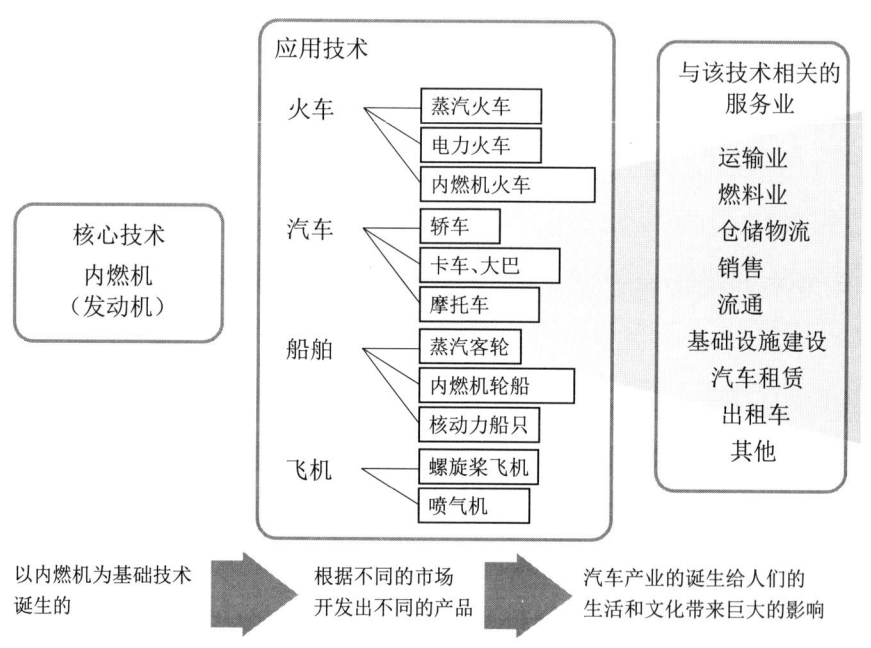

图 3　引发产业根本性变革的核心技术

骨干产业的生命周期

一方面，蒸汽机车发展为柴油内燃机车，并最终诞生了电动机车；另一方面，汽车被发明出来后，卡车、巴士以及摩托车也相继被发明出来。在海上，帆船以极快的速度从主导的地位退出，不久后天空中出现了飞机。

这是以内燃机（engine）这种核心技术为基础发展出来的应用技术不断扩散的过程。这种应用技术打造了能够引领国家前进的汽车制造业、航空制造业等新兴产业，但它的作用远不止于此。在第二阶段，以应用技术为工具的服务行业纷纷应运而生。

以汽车为例，核心技术的影响之大不可估量。由于卡车的使用，运输业和流通领域得到很大发展，在旅客运输业出现了大巴车和出租车，还推动了汽车的短租和长租等前所未有的新型服务行业。最终结局大家都知道，那就是形成了"汽车社会"这个巨大的文化浪潮。

但是，纵观历史，即使是为20世纪的世界带来如此巨大变化的汽车产业，可以发现在很久之前就已经迎来了它的产业成熟期。迄今为止发动机的核心技术经过了不断改良，汽车制造也在经年累月中不断添加新发明和新工艺。在此期间，前文所述的流通领域和服务行业也逐渐渗透到世界的各个角落。终于在这个漫长的过程中，汽车行业慢慢地结束了它作为骨干产业引领时代的任务。

在现在的美国和日本，汽车已经成为了无处不在、毫不稀奇的大众日用品（commodity），开始从引领全社会的位置上退了下来。从最开始的默默无闻，到起爆点后的飞速发展，最终发展为成熟的产业；之后，伴随着时间的推移走向衰退——这可以说是骨干产业最典型的生命周期。

日本的情况也是同样。过去钢铁行业和汽车制造业是为国家创造财富的源泉，是骨干产业。在那之前，是纺织行业。当时，代表日本纺织业的大企业本部几乎都在大阪。因此，当时的"大大阪市"成为凌驾于东京市之上的巨大的繁华都会。骨干产业的变迁拥有将国家的重心大幅度转移的影响力。

计算机 IT 产业的核心技术

那么，可以称之为现代骨干产业的、以计算机为中心的 IT 产业的情况如何呢？在分析这个问题之前，让我们以构成 IT 产业基础的核心技术为例，将技术和产业的关系进行再次确认。

IT 产业的核心技术之一是 TCP/IP（transmission control protocol/internet protocol，即传输控制协议/网际协议）。一听到 TCP/IP 就能够马上解释其性质、说明其用途的人应该不多吧。"这是互联网通信的基本协议，是多台计算机实施通信时的基础规则"，对很多人来说，即使得到这样的解释，也未必能马上理解其具体的含义。这与人们每天都要开汽车，但并不关心发动机的原理和构造是同一个道理。

大多数人都知道，互联网的原型是美国国防部运营的"ARPANET"（阿帕网）。过去的计算机网络都是"中央集权型的网络"，这样的网络具有脆弱的一面，如果遭遇核攻击导致通信网的中央系统遭到破坏，与其相连的所有终端都会被切断。与此相对，"ARPANET"是即使部分遭到破坏也不会波及整体的分散型通信网，为了实现这样的网络系统，应运而生的就是 TCP/IP。

TCP/IP 技术诞生后，谁也没有设想让民间的计算机连接到网络上。"ARPANET"在初始阶段也只局限于极少数的专家使用，用途十分有限。

但是，不久后 TCP/IP 被商业化，连家用 PC 机都可以连接到由全世界的计算机构成的网络系统中。当万维网（world wide web，WWW）的构想形成，浏览网页的软件被开发出来以后，互联网的用户数呈现了爆发式的增长。互联网不仅加速了 PC 机的普及，也带动了网络相关的下游产业的诞生。这种模式和内燃机的发明创造了汽车产业，之后影响到物流业和服务业并形成产业链的过程极其相似。从这个层面讲，TCP/IP 技术使互联网成为可能，它创造了包括亚马逊电子商务、以竞卖为主的易贝网、广告业的谷歌等企业在内的，现在称之为 IT 的骨干产业。它就是互联网时代的核心技术。

IT 产业既不是 "后工业化" 也不是服务行业

话说无论是汽车还是电子制品或者半导体产品，过去的骨干产业制造出来的都是有形的，用手能够触摸、用眼睛可以看到的工业制品，我称之为 "实物型工业产品"。

与其相对的，软件、通信技术、生物工程等新型的骨干产业所带来的工业制品，其特征大多是难以目测、没有形体、无法碰触的。与工厂的流水线生产出来的 "实物型工业产品" 相比，这些产品大部分依赖于人类的智慧，故应称其为 "知识型工业产品"。

由于受到哈佛大学的丹尼尔·贝尔（Daniel Bell）倡导的 "后工业化社会"（post-industrial society）理论的影响，有些人认为软件制品不是工业制品。根据他们的定义，在不久的将来，日本、欧美等所谓的发达国家的所有工业都会消失，所有产业全部会变成 "信息服务业"。

我认为这个想法是错误的。如果像他们所说的那样，连 "工业" 这个概念都消失的话，那么，推动世界发展及进步的新兴骨干产业也会从这个世界消失。

与其把社会的变化设定为从 "工业化" 演变到 "后工业化"，不如从另一个角度去看待结论更接近现实，也更容易让人理解，那就是制造产品的本质是相同的，但是制造出的产品性质发生了改变。也就是说，应该把现代骨干产业的软件、通信技术及生物工程等产业集团理解为 "新兴制造业"。即使是在工业发达国，也并不是所有的制造业都会走向衰退。

软银、乐天不是 IT 企业

日本过去的通商产业省*曾经将软件行业定位为"服务业"。在现在日本总务省发表的《日本标准产业分类》中依然能够看到其影响。软件行业被归类到"信息通信业"项下的"信息服务业"中。的确，到 20 世纪 80 年代为止，在日本，所谓"软件行业"只不过是空有其名，甚至有段时期几乎可以把它称为专业软件工程师的"劳务派遣业"，这也是软件行业经常被划分为服务业的原因。但是，像这样将外派软件工程师的劳务公司称为软件企业，显然是错误的。

我所认为的软件，应该是像微软或者 Borland 那样的企业制造的产品。前文也提到过，这些公司制造的产品，现阶段还有一些是拥有外包装的、能看到形状的产品，但是，最近通过下载和 ASP 的方式提供服务的商品在逐渐增多，所以它的本质就是属于既没有外形也没有尺寸的"知识型工业产品"。

在通信技术方面，今后能够创造骨干产业的，是那些在通信新技术开发中确立了领先地位的企业。在生物工程方面也是同样。"知识型工业产品"的生产者绝不是那些只会生产和销售常用药的制药厂，而是那些为了生产新药不断寻找和开发新技术的企业。

在日本，人们经常把软银和乐天等企业当作 IT 企业的代名词，但是把这些企业称为 IT 企业是错误的。它们只不过是用其他人开发的技术来开展服务的企业。包括美国的亚马逊，也应该被称为服务业才正确。谷歌拥有搜索引擎的技术开发部门，又可以被称为 IT 企业的一面。不过，它

---

* 2001 年通商产业省改名为经济产业省。——译者注

利用这个技术开展的也不过是广告服务业务。

将开发新技术的企业与利用其技术开展服务的企业同样称为"IT 企业",就好像将制造飞机的波音公司与提供航空服务的日本航空同样称为"航空企业"一样,归类过于简单粗暴。

计算机 IT 产业处于衰退期

到底是服务业还是制造业,也许有些人会觉得这只是称呼上的差异,不是什么大问题。但是,这是有关 21 世纪新产业诞生的问题,关乎从有形的"实物型工业产品"演变到无形的"知识型工业产品"的巨大转变,希望读者诸君一定要理解。因为,在产业转换的巨大浪潮中,我们需要建立以"知识型工业产品"为基础的新战略。

现在,让我们回到这个老问题上:目前的骨干产业到底处于新兴期还是成长期或者成熟期呢?想看清这件事情最切实的办法,是分析一下最能引发世人关注的企业集群处于什么样的位置。

回顾一下 IT 企业的发展我们可以看到,20 世纪 90 年代,微软、Borland、甲骨文等软件开发企业受到世人注目,促成了以当时开发出的核心技术为基础的"应用软件科技时代",这是 IT 产业的成长期。但是,从那之后到现在,以亚马逊、易贝、谷歌这样的"技术服务型企业"受到关注的现状来看,我认为可以判断为计算机 IT 产业已经开始进入衰退期。

"web2.0"的流行也是这一观点的佐证。随着这个词汇越来越多地被用在"第二代互联网服务"这种语境下,"互联网的用户将不单单是网络服务的消费者,而是作为自我表达者参与到网络之中"等说法也开始出现。

我并不打算否定这样的判断。但是在这种发展趋势中,丝毫看不到可以产生新价值的技术。那些行业内外的喧嚣，不过是针对应该如何使用目前的 IT 技术的"使用方法的讨论"而已。

全社会热心服务业，企业变身消费者

当然，承担着骨干产业功能的企业集群，不会全部从这个世界消失。在几十年前盛极一时的纺织企业之中，依然有很多优秀的企业至今仍保持活跃，并且切实地发挥着社会功效。但是像这样的企业是无法再承担振兴新兴产业的"牵引车"的作用。汽车产业也好，以计算机为中心的 IT 产业也好，它们与纺织行业是一样的。

像谷歌那样的企业，现在作为"最前沿的企业"而受到追捧。但是在以计算机为中心的 IT 产业已经迎来成熟期的当下，即便是谷歌，也没有能力开发创造下一个时代的技术。因为谷歌的商业模式是以广告为中心，所以作为企业也许会出人意料地短寿。

曾经是生产厂家的企业，伴随着产业的成熟化而逐渐变身为"消费者"，是经常能看到的现象。刚开始是自己公司开发新技术并以此开展服务，之后企业会慢慢失去开发能力，最终通过企业并购等方式收购其他企业的技术。这种情况进一步发展的话，生产企业最终会变身为彻底的服务性企业。

当然，如果从某个产业或者单一企业发展的角度来看，这样的趋势也不能说一定是坏事。但是，如果开发新技术的企业全部消失，服务行业自然也无法期待新的发展。如果所有人都以服务业为发展目标，社会就没指望了。

有了计算机就什么都能做了吗

在本书中，我反复使用"以计算机为中心的 IT 产业""计算机 IT 产业"这样的词汇，其中有很重要的原因。作为骨干产业的 IT 业之所以面临转折期，与处于其产业中心地位的计算机所拥有的能力上限有很大关系。

在读者中，也许还有人存在"只要使用计算机就什么都能实现"这样的幻想。回想一下，在计算机时代的黎明期制作的科幻电影中，有很多场景描述了计算机可以迅速答复人类的所有问题和要求，甚至有影片描述人类陷入了必须遵从计算机的指令和判断的恐怖社会。这正是在计算机作为骨干产业迅猛发展的阶段，人们既描绘了与计算机共同发展的梦想，又怀有对计算机能力的几分敬畏。

虽然不至于像这样时而乐观时而悲观，但仍有很多人认为只要提高计算机的性能，前景就无限美好。但是，我认为人类社会终究会迎来对计算机的"幻想"变成"幻灭"的那一天。而且，我感觉用不了多少时间，即会迎来基本上所有人都不再使用计算机的"后计算机时代"。

我开始认真思考为了迎接那个时代所需要的核心技术是什么的时间，是 20 世纪的 90 年代中期。

人们通过交换信息进行沟通的这种社会行为的重要性，在任何一个时代都不会改变。从广义上来讲，狼烟、书信、电话甚或电视、广播等，也许都可以称为信息技术。因此，即使以计算机为中心的 IT 产业过了成熟期走向衰退，信息技术本身也具有足以成为骨干产业的可能性。并不是 IT 产业消失，而是占据其中心位置的将不再是计算机。这跟世界上马车消失后，运输业仍旧存在是同样的道理。

走向"后计算机时代"

"只要将计算机的性能提高，无论什么样的问题都会得到解决"，如果依然迷信于这样的想法，就无法看清计算机本身的弱点及其能力的上限，也就无法开创下一个时代。2006年9月，我在坐飞机时偶然从翻开的报纸上读到了科学史专家米本昌平氏写的文章，这让我更加确定了自己的想法。文章如下：

2003年人类的基因组（genome）解读全部完成，其他几种生物的基因组的全部解读也已完成。既然生命的设计图已经全部获取，那么其基本构造应该被清晰地呈现出来了，但实际上的情形却恰恰相反。以无与伦比的势头聚集起来的DNA序列信息如同无尽的海洋，专家让各种解读软件在其中畅游，希望能利用计算机的能力读取其中哪怕是微不足道的一点儿意义，但是，成果不尽如人意。

（《每日新闻》2006年9月17日）

即使通过计算机进行数据分析也仍然会有解决不了的问题，米本教授也许已经从直觉上理解了这个问题。但是，对于这件事情，如果由斯坦福大学计算机科学学科的研究者们来回答的话，他们大概会如下作答吧：

"那只不过是计算机的处理能力不足，所以无法解读。"

可不管怎么说，解不出来就是解不出来。而且，无法解读的问题不只限于遗传基因信息的意义及组成。假如将人类所需要解决的各种问题设定为数值100，假设这些问题只要增加"计算机处理能力"就能完成，以现在的计算机技术能解决的应该还不到10吧。为了解决更多的问题，现在的计算机技术无论如何好像都欠缺点什么，而能够把我们带入"后计算机时代"的新技术，正是这个"欠缺点什么"的东西。

有能力改变社会的核心技术 IFX

关于何种技术有资格成为"核心技术"的有力候补之一，我想首先介绍一下 IFX（index fabric）这项基础技术。之所以存在诸多"计算机难以解决的问题"，与作为计算机 IT 产业基础的数据库的构成方式有很深的关系。

跟内燃机及 TCP/IP 一样，"核心技术"在发明之初是非常难以得到准确评价的。作为新事物，并不是随便一个人就可以清楚地看到 IFX 的未来。不可否认，在现阶段 IFX 依然只被看成是既有的计算机架构内的新技术之一。

但是，如果利用这种新技术构建新型数据库成为可能的话，以此为出发点，就会接连不断地产生新的商业模式。生物制药技术的开发、图像数据库的检索、安全便捷的电商服务、私人定制配方药、所有医院都能共享的电子病历、只要告知目标就可以规划路线的导航仪、什么语言都能实时翻译的翻译机、从产地到流通过程的所有细节都可以查询的动态追踪系统、可以告诉我们各种信息的虚拟私人秘书……

以后，可以释放 IFX 可能性的领域数不胜数。这最终会打破米本昌平氏提出的"计算机的极限"，使下一个骨干产业的快速到来成为可能。

那么，为什么改变数据库的基本技术会开创后计算机时代呢？关于与互联网的存在方式之间存在密不可分关系的数据库技术，以及关于这些技术的细节，对 IFX 的详情感兴趣的诸位，请阅读本书最后的"补论"部分。

CPU 变得再快，却依然不好用的 PC 机

与 IFX 这样具有划时代意义的技术雏形相遇，并且将其培养为可以市场化的产品并不是偶然。我一直在思考后计算机时代的骨干产业到底应该是什么样子，同时也一直在寻找使其成为可能的技术。

即将来临的后计算机时代应该是一副什么样子？现在，让我给大家说明一下在我心目中为它描绘的蓝图。作为准备工作，请重新审视一下我们身边的计算机，请大家想想，已经深入人们生活中的 PC 机，到底是什么样的东西？

在进行重要的展示过程中，PC 机突然卡死或者干脆宕机，这是很多人都有过的经历。如果是家电产品或汽车在使用途中停止运转，我们会称其为劣质商品，要求厂家退货。企业会为卖出这样的产品而道歉，并进行退款处理。但细想一下，PC 机的宕机却是可以被原谅的，这真是非常奇怪的工业制品。

而且，PC 机在按下开关时是不会马上启动的。不熟悉操作的人，对付 PC 机更是困难：PC 机不按自己的操作运行，要费很大工夫才能打开文件夹，按错键后要很长时间才能恢复原来的状态，等等。所以，我自己并没有因为有了 PC 机就舍弃记事本。

PC 机的诞生已接近 40 年了。回顾历史，20 世纪 80 年代的初代 PC 机的 CPU（中央处理器）只有 8bit，内存也还是以 KB 为单位计算的。当时，很多人认为是 PC 机的速度太慢了，如果处理速度变快，PC 机就会变得容易操作。但是，当处理速度增长 1000 倍时，PC 机也并没有变得容易操作。到了今天，PC 机的处理速度又增长了 1000 倍，也就是说，PC 机的 CPU 已经拥有初代产品 100 万倍的速度了。但是仅仅提高速度就够了吗？即使进入了这样的时代，PC 机也依然无法实现"容易操作"的理想状态呀。如果有了更快的 CPU，也许就会出现对于人类来说更容易操作的 PC 机了——很多人现在还是抱着这个期待等待更快的 CPU 的到来。

我可以断言，就算像人们期待的那样迎来更高速的 CPU 时代，如果技术依旧停留在当今的延长线上，也不会出现更好用的 PC 机。宕机了无非就是重启，按下电源后要给 PC 机一点儿启动的时间——只要在 PC 机的设计思想上仍旧许可上述情况的发生，那么无论是计算速度和内存如何增加，也不会诞生人类觉得好用的 PC 机。

需要的不是计算功能而是社交功能

以 PC 机为代表的计算机，原本是为了计算而制作的工具。所以，在初始阶段它的计算速度是最重要的。直到我们最常利用的功能变为文字处理和制作表格时，PC 机的原始设计理念也并没有得到修正。

但是现在，我们对于 PC 机的期待并不是它的演算能力。现在使用 PC 机最多的功能大概是收发电子邮件。对于人们来说，使用频率最高且最受重视的功能是以博客、电子邮件、社交网络服务等为代表的社交功能。虽然以追求计算能力最大化而不断进化的计算机，最初并不是为了社交而制造出来的。

一直以来，计算机 IT 产业通过提高半导体的密集度来提高计算速度，并不断增强计算机的内存，但是，最主要的主操作系统（OS）和软件的基本构造并没有什么变化。我认为，不从根本上改变计算机的设计理念，那么无论增加多少投资，计算机都无法变身为使用便捷的社交工具。

计算机时代的"三种神器"已成为桎梏

"不能连入网络的，就不算是计算机。"（The Network is the Computer.）说这句话的是太阳微系统公司（Sun Microsystems）的斯科特·麦克利尼（Scott McNealy）。当他在 20 世纪 80 年代提出这种说法时，几乎没有人能够理解。即使到了 20 世纪 90 年代后半期，我觉得微软的比尔·盖茨也没有真正理解互联网的重要性。

互联网的爆发式普及，以现在的眼光来看是计算机"从计算到社交"的根本性转变，而在这一过程中，核心技术 TCP/IP 所产生的作用在前文已经提到：通过这项技术，无数的计算机连入网络，从而诞生了 IT 这种新的骨干产业。

但是计算机这种本着"以计算为中心的设计理念"（computation centric architecture）而研发出来的机器，原封不动地成为社交的工具并承担了主要角色，这件事情本身可以说与它的设计初衷是背道而驰的。

以英特尔为代表的微处理器、以微软为代表的操作系统、以甲骨文为代表的客户服务型关系数据库（关于数据库的种类和特征在"补论"中有介绍），是我们很熟悉的、可以称之为现在计算机中必不可少的"三种神器"*。但是，支撑计算机的这些重要构成要素，如今已成为互联网发展的桎梏。网络在进化，但是与其连接的网关以及软件的构造却依旧如故。

互联网并没有充分发挥其可能性

我觉得，互联网之所以能迅速被人们接受，是因为其内部存在与人类的社交天性极其相似的"构造"。互联网从最初就蕴含着无可比拟的特性，让人们感觉它极其自然地贴近日常的社交，同时是一个可以充分开展商务活动的场所。

如果一定要用其他词汇来描述的话，那就是：互联网实现了一种"扁平的、复杂的网格状系统"，每一个参与系统的人都拥有思考、信息获取

---

* "三种神器"为日本天皇传国之宝，此处用来比喻上述三种产品的重要性。——译者注

和意见表达的能力，并同时拥有对等的、与其他人交换信息的权利。但在目前这个阶段，可以说互联网并没有充分发挥其潜在的能力。

过去的计算机都是与网络无缘的孤立的存在。当时对于计算机来说重要的是计算能力，而不是作为社交媒介的功能。只是因为接入互联网，计算机开始承担起全新的角色。但是总体而言，现在的互联网尚处于以若干个大型服务器为中心，利用服务器的用户群蚁合在其周围、处于成长过渡期的状态。在这种状态下，互联网并没有实现其本该完成的，也就是所有参与者都能独立思考、获取信息、表达意见，并能够在网络中对等地进行交流的状态。能够支撑发展速度越来越快的网络社会的新技术，仅凭对既有技术的改良是无法诞生的。

比如，乐天及亚马逊等电商企业，其业务被限制在现有技术的框架内，但总算还能维持运营。这是因为企业管理了所有信息，并且遵循一定的规则以及固定形式将其简化，商业模式才得以成立。但是，从一般消费者的角度来看，信息基本是单方向地流向企业，而且反复被对方利用；从企业的角度来看，这些信息因为必须被整理为简单的文件格式，所以让人觉得潜力并没有被全部开发。所以，在互联网上开设虚拟市场的电商企业，看似开发了全新的商业模式，实际上还是按照老旧的模式在做生意罢了。

让机器配合人

我认为，从以计算功能为中心的设计转变到以社交功能为中心的设计，这种潮流一定会带动新的产业兴起。如果所有的机能都是以社交为基础设计的话，一定会给 IT 业带来巨大的发展。

在 20 世纪 90 年代末，我作为风险投资人，对以 Borland 为首的计算机软件相关企业进行了重点投资。事实上，我开始对 IT 产业的未来产生疑问，起因于看到了微软等企业对市场的垄断，进而意识到 IT 产业已经畸形发展了。本来新技术才应该是催生新产业的源泉，但现实却变成了整个 IT 行业都要向特定的公司"进贡"的局面。无论什么样的行业，如果没有了竞争企业间的切磋和取长补短，大概率会向错误的方向发展。

如前所述，PC 机不仅在启动开关后等待的时间过长，应用程序也经常出现问题。其实，计算机并不是为了使用网络而设计的，因此作为社交工具使用起来很不方便。现在的状态，可以说是人类在全力配合机器（PC 机）。那么，这样的 PC 机仅仅作为连接网络的工具，即使不断地推陈出新，其意义又何在呢？

由于 PC 机的原因反倒增加了工作量，使用机器的结果是连自己都不清楚到底是更方便了还是变麻烦了，这种情况并不少见。这是人们在配合机器工作，为了配合机器而改变了自己的行为方式。鉴于这种情况，我认为必须找出"让机器配合人"的方法。

这个想法，是我构想新兴产业的基础。让机器配合人——当开始构思这种 IT 产品的时候，我好像已经看到了替代计算机的新兴骨干产业的前景。

实现"可视化交流"的 PUC

对于人类来说，自然的交流方式是什么样的呢？在分析这一点的时候，可以参考最贴近我们生活的聊天和开会。这种"能看到对方面孔的交流"，其特点是可以使用眼睛、耳朵、嘴以至于整个身体，将想要告知对方的信息完整、流畅地传达出去。这种交流方式不仅可以随时确认对方的表情，如果需要的话，还可以用桌子上的纸画图或者写字，或者在现场展示实物。像这种充分交换信息的交流行为，其理想目标是即使距离遥远也畅通无碍。

当然，使用接入互联网的计算机可以进行语音通话，也可以通过摄像头实现视觉化交流；需要的话，还可以将用文章以及用图表制成的资料用电子邮件互相发送。但是，将这么分散的功能叠加起来，是否能实现与"看到对方面孔的自然交流"同样的效果呢？很遗憾，答案是否定的。之所以产生这样的局限性，其原因在于没有任何技术试图将社交方式整体变得更为顺畅，所有的技术都只是利用计算机现有的条件，将社交整体包含的各种要素分割之后再逐一实现。

用我常用的比喻来解释一下，就是铅笔有两根的话也可以当成筷子用。但是铅笔有芯，其形状作为筷子也并不好用。与其生拉硬拽地继续改造铅笔当筷子用，不如最开始就把筷子作为专用的吃饭工具来设计和生产。同理，从一开始就基于"以社交为中心的设计理念"，制造以实现理想的社交方式为目的的软件及硬件系统，这就是 PUC 这个概念的核心内容。

并不是配合计算机的能力进行网络社交，而是从一开始就要制造以实现理想社交方式为目的的机器，也就是以社交为出发点重新规划下一代产品的概念结构。我将这个概念命名为 PUC（pervasive ubiquitous communications），即无限贴近于生活的（pervasive）、无处不在的（ubiquitous）、社交通信功能（communications）。

在 PUC 的概念具体清晰地呈现于自己的脑海之前，我在一段时期减少了投资，并且持续地分析和寻找为了实现 PUC 的功能，需要在什么领域开发什么样的技术。等我创立了以培养 PUC 领域技术为目标的企业并开始投入资金时，已经是 2000 年左右了。

让远程教育和远程医疗更加贴近生活

新的技术应该更加接近于人们固有的社交方式的本来面貌。目前的互联网之所以不能实现这种社交方式，阻碍它的最大的技术制约之一就是数据库的能力上限。找到能够为数据库领域带来巨大飞跃的新技术，对于实现 PUC 理念同样具有十分重大的意义。在寻找的过程中，我们遇到了 IFX（index fabric）这项理论的开发团队。

利用 IFX 这项技术使数据库发挥威力，不会只局限于信息技术领域。如果想要最大限度利用互联网的可能性，完成一个所有参与者都拥有思考能力、信息获取能力及意见表达能力，并且可以进行对等的信息交流的平台，IFX 技术是无论如何不能缺少的。

作为 PUC 领域的核心技术，再给大家介绍一个进行动画处理的技术——XVD（eXtended-play Video Disc）。这是能将高清画像实时压缩成 1Mb /s 且不会出现马赛克等杂质的、如"人类的眼睛"一样处理画像的技术。迄今为止，如果没有流量很大的宽带做专用线路，则很难用高清画质进行电话会议。但是如果使用 XVD 技术的话，用一个饭盒大小的装置连到一般的网线上就可以实现。

那么，如果将 XVD 和使用 IFX 技术的数据库相结合，该有多么丰富的可能性会出现啊。即便相隔很远、人数众多，也可以在没有距离感的情况下进行交流，甚至可以随意检索需要的信息或将信息彼此传送，这个场景应该会简单地得以实现。远程教育和远程医疗也会成为任何一个人身边触手可及的东西。

PUC 领域的基础技术

我无法说明支撑 PUC 的新技术的全部细节，在这里仅就 6 个主要领域进行简单说明（如图 4）。

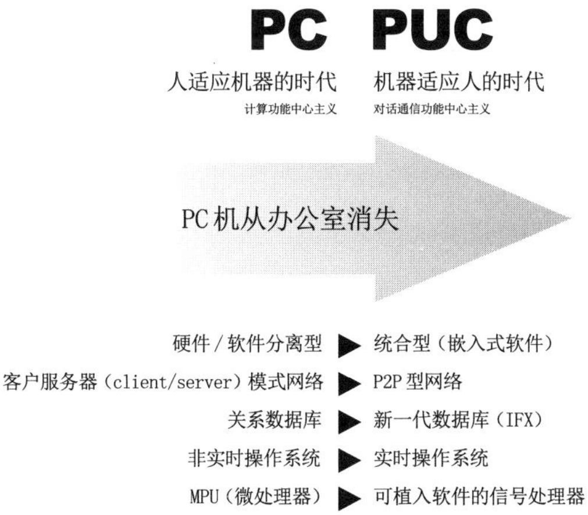

PC
人适应机器的时代
计算功能中心主义

PUC
机器适应人的时代
对话通信功能中心主义

PC 机从办公室消失

| 硬件 / 软件分离型 ▶ 统合型（嵌入式软件） |
| 客户服务器（client/server）模式网络 ▶ P2P 型网络 |
| 关系数据库 ▶ 新一代数据库（IFX） |
| 非实时操作系统 ▶ 实时操作系统 |
| MPU（微处理器） ▶ 可植入软件的信号处理器 |

图 4 从 PC 到 PUC

①第二代通信数码信号处理器（CDSP）

②嵌入式软件（EmS）

③网络安全（NWS）

④点对点型网络（P2P）

⑤软交换机（SoSW）

⑥数码显示控制（DDC）

CDSP 将代替计算机中的微处理器，其基本设计不是计算能力，而是特化了"相互通信功能"以处理相应程序的 DSP 芯片。

EmS 的"嵌入式"（embedded）是指将硬件和软件的功能结合并使其相互依存，在这种状态下，硬件可以最大限度地调动软件的可能性。

如此，在 PUC 中，操作系统（OS）将实现完全的实时操作。那不是像 Windows 这样巨型的 OS，而是非常袖珍的 OS。关于这部分技术，手机，特别是 iPhone 这样的智能手机，以及 iPad 等平板电脑，已经部分地实现了。

网络安全强调的是，在互联网的潜力发挥到最大的 PUC 时代，网络安全的技术也必须向下一代转移。

P2P 型网络代表着互联网最初的网络存在方式（请参考本书"补论"）。为了开发与其形态最契合的新的数据库技术，所需要的就是前述的 IFX 理论。

不仅是针对电话，为了大幅降低数据通信的成本，软交换机也是很有必要的技术。能代替电话交换机功能的 IP 网及其使用的软件系统称为软交换机。

虽然 DDC 控制器是处理动画的半导体器件，但是要想让它在网络上进行数据交换，像 XVD 那样的即时图像处理技术是非常重要的。

重要的不是载体而是软件

我在对 PUC 进行说明的时候，经常被问到它是不是像电话那样的东西，或者像电视那样的东西。但是这个问题很难回答。对我来说，硬件的外观并不重要。可以确定的是，和现在的计算机相比，其所使用的软件在基础件构造上完全不同，所以我从直觉上就知道那将会是在操作上非常便捷和人性化的载体。

基于 PUC 技术制造的 IT 产品自然不需要厚厚的说明书。跟 PC 机不同，在操作时启动各种应用的环节也会被省略。更难得的是，因为 PUC 的主要特点是硬件与软件相结合，所以可以做出小巧省电的产品。

虽然目前我还不能确定成品的形状，但应该是跟手机或者电视的形态没有太大的差别。就像人类不论进化到什么时代，都有两只眼睛、两个耳朵，有手有嘴的基本配置是不会改变的，同样，IT 产品也不会出现太过异想天开的东西。当然，它的材料会发生变化，可能变得像垫板一样又轻又薄，或者能够折叠，等等。

依照我个人的想象，将来的 PUC 会变成像眼镜那样的形状。当然，眼镜或者护目镜形状的周边设备已经存在了，这样的形状本身并不具备革命性。不过，重要的不是选用触摸屏还是键盘这类周边设备的问题，我反复强调的是，因为这些设备的内在构造没有确立在以社交为基础的设计理念上，这才是现在的计算机设备"不好用的原因"，这一点请大家务必注意。

那些所谓已经在技术上实现了的、在电视或者手机里塞进为计算机开发的软件是完全没有意义的。那只不过是催生了像现在的 PC 机一样不好用的，"劣质品"般的新型电视和电话。只有像过去的电视机和电话一样容易操作，并且其功能远远超过现在的 PC 机，才算是真正的技术进步。

iPhone 和 iPad 的核心依旧是古老的技术

以 2007 年苹果公司开始销售的 iPhone 为代表的智能手机，以及 2010 年该公司开始售卖的 iPad 平板电脑，其整体感觉与 PUC 的设想非常接近——几乎瞬间就可以启动，画面操作也非常直观，不论是外在形状还是基本的机能，我感觉都和 PUC 非常相似。但必须指出的是，在 iPhone 和 iPad 中使用的技术几乎都是计算机时代的核心技术。可以说，苹果公司用 iPhone 和 iPad 显示了其巨大的存在感并宣告了计算机时代的终结，与此同时，向人们展现了新时代的方向。

作为苹果公司的创始人而驰名的斯蒂夫·乔布斯，在识别创新技术方面是个天才般的人物，但是苹果公司本身并没有开发出核心技术。自 20世纪 80 年代从施乐公司获取基础技术，开始制造 Macintosh 个人计算机开始，乔布斯以他敏锐的"技术识别能力"作为武器，使苹果公司得到发展。毋庸置疑，乔布斯进行了众多的创新，但实话实说，那些创新都是"应用技术"这个层面的。

苹果不可能一直是"主角"

现在的苹果之所以引人注目，是因为它利用计算机时代的"应用技术"，勇敢地冲向下一个时代的"科技服务"阶段。苹果公司发挥了它善于将软件和硬件结合的独特优势，并力图开展在手机设备中融入内容发布功能的新型商业模式。

乔布斯造出了美观、便捷、能够打动人心的用户终端。他出色的领导能力提升了苹果公司的品牌实力，使 iPhone 和 iPad 作为"计算机时代最后的主角"掌控了市场。但是我觉得，苹果公司的成功揭示了如下的事实：在完全成熟的 IT 产业世界，所有闪光的技术已经全部出场，只留下了提升服务、强化品牌、现存技术的融合以及改良设计等局部创新的问题。

让我们想一想，如果像 IFX 这样的 PUC 领域的核心技术实现以后会发生什么变化呢？用户终端的外形可能接近 iPhone 或 iPad，基本没有变化，但是，终端的内部构成、终端所连接的前方区域，以及支撑其内部的技术将会发生翻天覆地的变化。这种震撼就像在使用马车作为运输工具的世界里，出现了铁路和汽车一样。到那个时候，在计算机时代将"应用技术"和"科技服务"相融合的苹果公司，能像现在这样继续担当主角的可能性几乎不存在。

开始展现成果的 PUC 技术群

当然，就算发明了蒸汽机，也不会紧接着就在马路上出现汽车，在天空中出现飞机。就像发动机的控制技术等，不将若干个重要的技术全部配齐，内燃机是无法承担起开创新时代骨干产业的重任的。将匹配的技术一个一个开发出来，并将其培养到可应用的程度，PUC 自然就可以实现了。

培养一项技术，从发现到完成平均需要 7 年左右的时间。到现在为止，我已经投资了二十几项技术，其中的一半尚处于正在进行时，而另一半已经失败了。投资项目中能发展成大企业的，只有极少数的几家。

比如，在 1999 年末我认识了哈佛大学的应用数学家约瑟夫·赛利格曼（Joseph Seligman），并被他设计的算法所吸引。以该算法为基础，我创立了一家生产数码显示屏控制器的公司，为液晶及等离子显示屏生产商提供服务。

这家名为 OPlus 的公司，最终在 2005 年的时候被英特尔收购。英特尔在可以被称为计算机心脏的 CPU 领域处于领先地位，但是在第二代的技术方面落后了。现在几乎所有计算机都装有英特尔或与其兼容的芯片，但是在液晶显示屏和等离子设备中并没有使用。与 PUC 时代的开拓者之一 OPlus 合并，可以看出在新时代面前，曾经的"计算机时代的巨人"英特尔已经抱有相当的危机感了。

2007 年，我们作为 PUC 时代网络安全综合开发制造商而设立的企业 Broadwear 科技，与计算机时代互联网设备领域的代表厂商思科公司合并了。之后，在 2008 年末，虽然市场还处于金融危机所带来的巨大动荡之中，但这并没有影响我们成立的 PUC 领域的软件开发制造商 Transitive 被 IBM 收购。

通过技术企业频繁被收购合并能够看出，代表计算机时代的大型企业在开发具有划时代意义的新技术方面已经后力不足，只能靠着收购或者合并的方式入手新技术。

能创造新兴骨干产业的、让人惊异的企业成长力

在 PUC 领域，我已经培养出能称之为全球化大型企业的公司。总部设在美国的加利福尼亚的 Fortinet 公司，是 2000 年由 10 名左右的创业者成立的，在网络安全方面推出"将防病毒、防火墙和路由器安全管理等不同功能统一管理"（UTM）的全新理念。只用了 10 年时间，公司就发展成拥有数千名员工规模的公司（如图 5）。

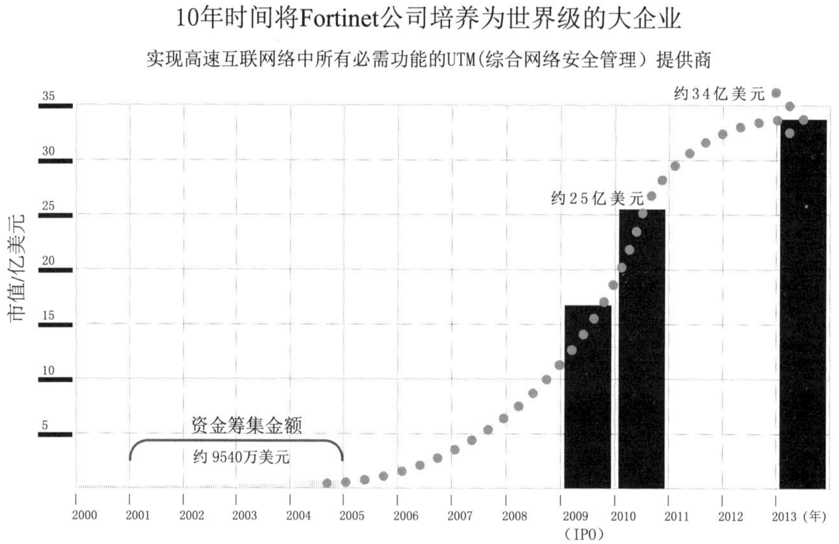

10年时间将Fortinet公司培养为世界级的大企业

实现高速互联网络中所有必需功能的UTM(综合网络安全管理）提供商

Defta作为风险投资公司，从初始阶段就进行了投资，并参与经营

图 5 Fortinet 公司的发展轨迹

2009 年 Fortinet 公司股票上市时，市值已经超过 25 亿美元（2010 年 11 月），与日本企业相比，其市值已经超过了雅马哈和卡西欧，成为和古河电工*规模相当的企业。这种惊人的成长速度，如果是发生在开发承载

新时代骨干产业核心技术的公司身上，是非常有可能的。

从 2000 年开始，随着网络宽带的急速普及，在互联网上进行交换的数据不仅限于文字、数字和静止画面，还扩展到声音、影像等多种内容。过去说起网络安全领域，在防火墙方面有 Check Point（以色列企业），防病毒方面有赛门铁克（Symantec），路由器安全方面有思科（Cisco），这些领域都已经被大企业所垄断，新公司要想进入十分困难。

试想，在丰田和日产占据主导地位的汽车产业，后发企业想分一杯羹是十分困难的。但是，如果后发企业研发的"交通工具"不是汽车而是飞机的话，情形就完全不同了。因为那不是产业内部进行的市场竞争，而是开创了一个全新的产业。用 10 年就成长为大型企业的 Fortinet 公司就是一个很好的示例。

尽管如此，除去在 2000 年前后曾在这个领域进行重点投资的 Defta Partners，美国硅谷的风险投资企业的投资对象依然是围绕计算机的新创企业。正如第一章所指出的，美国的风险投资在流动性过剩的影响下，已经变成了单纯的金钱游戏。受到风险投资公司的制约，新创企业也倾向于满足局部的成功，而不敢冒大的风险。明眼人都能看得出来，现在已经出现了能承担起下一代骨干产业重任的技术萌芽，但是现在的硅谷已经没有力量将这些技术培育为规模性的产业了。

而美国无法成为后计算机时代领军者的原因也绝不止于此。

将软件和硬件一体化的意义

PC 机拥有的主要功能是通过使用软件系统，实现文字处理、表格

---

* 古河电工是成立于 1884 年的日本老牌制造商，东京证券市场一部上市。——译者注

制作、邮件收发和连接互联网等多种功能。但是，处理这些日常使用的功能，其所需的计算能力实际上只消耗了 CPU 的 1/10 都不到。PC 机的 CPU 之所以变得那么热，是因为它在同时进行着许多与必要功能没有直接关系的处理，比如维持让用户感到使用方便的界面以及各种后台工作。

而手机是基于硬件和软件相结合的设计，能同时发挥两者的高效性能，因此一般来说，手机是不太会发热的。当然也有手机在使用的过程中会渐渐变热，但对于手机来说，这样的产品是算不上好产品的。

在以计算机为中心的 IT 产业承担骨干产业职责的时代，硬件行业和软件行业是截然分开，作为完全不同的产业建立起来的。

由于硬件产业的销售利润率较低，因此在美国的商业环境下，从提高股价的观点来看，通常认为通过软件以及解决方案来"创造价值"才是正确的经营方式。这种硬件和软件相分离的商务模式，助长了执着于软件行业并意图在短期内提高投资回报率的美国式"一本万利"主义。同时，因为美国将硬件组装完全交给中国的做法，导致了现阶段美国在硬件制造方面能力十分薄弱的状况。（具有讽刺意味的是，这种经营方针的失误，是通过苹果公司的成功为世人所知悉的。但是我们也可以看到，擅长将现有技术进行组合的苹果公司，在硬件方面的开发和制造上，却在很大程度上仰仗包括日本在内的亚洲诸国。）

在计算机向 PUC 过渡的过程中，虽然 PUC 现阶段的硬件外形可能依然保持与手机或电视等数码家电相接近的形状，但是将硬件和软件强行分离的这种计算机时代独有的思维方式一定会发生改变。在"嵌入式（embedded）软件"成为重要技术的 PUC 时代来临时，美国是没有力量做出回应的。

拥有引领 PUC 时代能力的日本

硬件和软件在设计时就相互依存并紧密嵌入是 PUC 的特征。等到 PUC 时代来临时，软件功能的最优化要依赖于硬件，反之亦然。所以，只将销售利润率高的软件分化出来并形成独立产业的计划将不再可能。这对日本的企业来说具有非常重要的意义。

无论是软件行业还是硬件行业都坚持自力更生，并且拥有能够将软硬件结合为一体的、具有高水平知识产权的国家，目前看来在世界上处于最有利位置的就是日本了。日本不仅针对广泛的社会阶层实施了高水平的教育，同时将高精密制造的匠人传统延续于现代的工业之中，因此日本有着无可替代的优越条件。

更进一步说，日本人已经在直觉上体察到了转换为 PUC 的必要性。举例而言，手机也好，web 也罢，连 e-mail 技术都是首先在日本完成了技术升级，这种技术升级的出发点源自想把手机功能变得更加人性化的日本式思维。因此，从结果上看，i-mode* 也好，3G 手机也好，都是日本企业首先开拓了市场。这种设想的出发点是凡事都从逻辑思维入手的美国人所无法效仿的，但却是在 PUC 概念具象化的过程中最重要的要素之一。

如果将世界的精英聚集在日本，进行 PUC 时代的软件体系开发，那么日本在下一代骨干产业方面将处于全世界的领先地位。关于日本在这一点上应该采取的战略，我将在第五章再次论述。

---

* 日本电报电话公司（NTT）在世界首创的手机 IP 接续服务。——译者注

PUC 给企业经营带来的影响

就像软件这种"知识型工业产品"的繁荣给美国的经营手法带来巨大变化一样，PUC 也会对企业的经营方式带来很大的冲击。

从财务管理层面上看，PUC 产业与计算机时代的软件产业相比，销售利润率会降低，并导致 ROE 下降。其原因在于，在 PUC 的世界中制造商品，是要将软件和硬件进行一体化处理的，因此一定会产生硬件的成本。PUC 既是"知识型工业产品"，也是"实物型工业产品"。

PUC 成为今后朝阳产业之一的地位是毋庸置疑的。虽然 ROE 降低，但是这个产业能够增加新的就业机会，也将成为创造世界财富的原动力。在 PUC 产业中，"ROE 上涨股价也会上涨"的这种美国商学院中教授的财务指标是没有机会出现的。

虽然现在流行将 ROE 与股价联动的判断标准，但是今后一定会发生要求替换新指标的变化。不仅 ROE 与股价的联动关系会被打上问号，以资产负债表为基础总结出来的财务小伎俩也会被重新审视。之后，"向社会提供优质的产品和服务"这种企业最基本的存在目的一定会被再次认知。

经济创造文化，技术孕育政治

新技术不仅仅是让生活更加方便，也不仅仅是增加了社会中纷至沓来的人、物和信息的总量，它在促进骨干产业变迁的同时，与企业形态、社会制度以及人们价值观的形成都有密切的关系。

比如，伴随着资本主义时代的开启，曾经的美术品和宫殿逐渐失去了市场需求，由此看出，文化是依存于经济模式的附庸。此外，如果要讨论政治变化因何而起，我认为是技术。经济创造文化，技术产生政治。

在古希腊之所以能够实现直接民主制，全起因于城邦国家处于非常狭小的空间，其居民也是人数有限的小团体。在那之后的很长时间内，民主主义就再也没有登上世界历史的舞台。最主要的原因在于，国家规模在不断扩大，而支撑民主制度的人的移动方式以及信息共享方式并没有产生。

作为民主主义的支撑及前提条件的，最重要的就是公路、铁路等交通手段以及以印刷为主的信息共享的技术。与此同理，电视及互联网等新技术，也同样会改变政治的形态。

迈向新资本主义和新民主主义＊的时代

在 PUC 设想的基础中，有一个目标是"让机器配合人"，这在前文中已经提到。PC 机能力有上限，故以其为工具的社交当然也有上限。而PUC 是以实现"可视化交流"，从而使互联网拥有的可能性得到充分发挥为目的设计的。

像 PUC 这种新的技术体系完成的话，我们进行的社交方式也会按照贴合互联网本来构造的方向发生改变。从以一台服务器为中心的网络，开始向所有终端都保持对等，每一个终端都拥有表达能力、思考能力以及信息获取能力的网络进行正式转移。在这个网络中，不会因为某人拥有强大权势和压倒性的知识量就形成以其为中心的金字塔形的权力构造。

现在民主存在的最大缺陷是，人们行使和这个制度相关权利的机会只

＊ 此处的"新民主主义"是作者针对现在西方民主主义存在的缺陷所提出的改良设想。——译者注

限于选举。只要选举结束，政治家在下一次选举之前就可以随心所欲。即使每个人都在一定程度上对政治保持关心，但很多人都会觉得手头那区区一票的影响力过于微弱。而且即使那一票，也会被以电视为主的、具有压倒性影响力的媒体所播放的单向信息所左右。因此可以论断，被称为民主主义基础的充分讨论以及"可视化交流"并不存在。

为了改变这种不充分的民主主义现状，有必要改变选择政治家的方式。我个人预见会出现自我推荐和他人推荐相结合的形式。但是，仅凭现在的技术，那是无法实现的。我们需要的是即使距离遥远也能轻松实现现场交流的技术，是将庞大且构造复杂的数据迅速处理的技术。没有这样的技术，是无法支撑我们理想的民主主义的。

随着时代的变迁，我们必须改变管理企业和治理国家的方法。国家和企业所承担的责任，将与重商主义时代以及接下来的资本主义时代必然不同。这意味着我们必须对推动发达国家经济发展的资本主义，以及支撑它的民主主义的存在方式进行改良。新资本主义和新民主主义会是什么样子，或者说应该是什么样子呢？这是生活在21世纪的我们面对的最大课题。

当然，新技术只不过是新民主主义的必要条件。什么样的构造才适合新时代的政治呢？我觉得想要回答这个问题，除了一次次地反复实验、一点点地探索以外，别无他法。与世界上现行的诸多民主主义形式均是以技术发展为前提被创造出来的一样，那将是个漫长的过程。

第三章 >>>

能够产生新价值的企业结构

全面负责企业经营的 CEO

在此之前我强调过很多次，伴随着产业结构的变化，主流的经营模式也一直在进行调整。在本章我想探讨的问题是：在即将到来的下一个时代，伴随着新兴产业的登场，理想的公司模式以及合理的资本运作方式应该是什么样的？为了弄清这一问题，首先要对美国当前主流的企业治理模式（corporate governance）做一些详细的说明。

一提到美国式的企业治理，人们就会想到 CEO。2001 年法国雷诺的卡洛斯·戈恩（Carlos Ghosn）被派往日产汽车担任社长兼 CEO（1999 年就任 COO，即首席运营官）。卡洛斯·戈恩素有"成本杀手"之称，在他的经营之下，经营状况极度恶化的日产汽车竟然起死回生。这一事件使得CEO 的重要性在日本受到广泛关注。

与几乎不拥有裁决权的日本的总经理不同，在美国的上市公司，CEO 的表态就是公司的宪法，CEO 在事业规划等方面拥有近似于独裁的至高无上的权力。CEO 和 COO（与 CEO 负责企业整体经营不同，COO 负责公司日常运营）是经营的专才，需要具备与公司创始人不同的能力。因此美国公司往往都是从公司外部招聘拥有足够经营能力和经验的人才，以实现创业者的抱负。

在硅谷的新公司，如果管理层不思进取，对事业怀有满腔热忱的青年才俊往往马上就会另谋高就。在美国，跳槽也意味着机会，通过跳槽往往能够找到条件更好的职位。因此，在 CEO 率领下的管理团队一刻也不敢放松，他们既要给有能力的员工提供更有成就感的工作，还要让公司待遇不低于其他公司。固定工资并不能够稳住这些员工，因此很多公司都会建立一套能反映个人绩效的薪酬体系，以此来激励员工的斗志。

被委任公司全部经营权的 CEO，掌握着除副总经理（vice president）之外所有人的人事任免权，那么 CEO 及 COO 的人事任免又是由谁决定的呢？

CEO 的人事任免是如何进行的

在美国的企业，在决定有关 CEO 及 COO 的任免过程中扮演重要角色的是人事决策委员会。不论是 CEO 的遴选，还是其就任后的业绩评价，甚或在董事会上主导罢免 CEO 决议的，都是人事决策委员会。

我在美国的新创企业或上市公司担任代表股东利益的外部董事时，常常被委任为人事决策委员会主席。我在从公司外部招聘新的 CEO 时，不仅要看这个人以往的业绩，更要在面谈中对他在未来两三年之内立志实现的抱负进行彻底的了解。这些资料会提交到人事决策委员会，只有得到委员会认可的人才有资格被提名候选，之后从中遴选出 CEO。

美国的 CEO 虽然拥有绝对的权威，但每个季度都要受到严格的业绩审查。如果没有完成当初设立的目标，委员会将对 CEO 进行问责。除战争等不可抗力的影响外，一旦出现销售额下降或事业开发计划延迟等情况，责任全部由 CEO 承担，并且 CEO 会受到严重警告。如果以上情况持续两个季度（即 6 个月）以上，CEO 的解聘议案往往就会被提交到董事会进行裁决。

CEO 并不只是对公司业绩负责。直属于外部董事会的审计人员也会对经费进行随机抽样的严格核查，哪怕发现金额极小的经费被挪作私用，对 CEO 来说这也是致命的错误，他们有可能因此被解除职务。

外部董事占半数以上的美国企业

美国企业中除了上述人事决策委员会，还有薪酬决策委员会、业务监督委员会等。在这些对经营拥有重大决策权的委员会中，执牛耳者是外部董事。

日本企业与美国企业相比，最大的区别是董事会的组成不同。日本往往是由普通员工一步步升为董事、常务董事、专务董事、副总经理乃至总经理。也就是说，企业董事会的成员几乎全是由本公司员工升上去的内部人员组成的。

与此不同，在绝大多数的美国企业中，作为"资方人员"、代表股东权益的外部董事的人数往往占据董事会的半数以上。外部董事拥有重大决策权，关于这一点我在后文还会再行论述。

在美国，如果外部董事的人数达不到董事会的半数以上，可能会被认为有掩盖公司内部营私舞弊问题的嫌疑，更别说百分之百都是内部董事的公司。在美国人看来，那种公司一定是在运作某种非常规的业务。所以我们可以说，外部董事在预防股东与企业间的法律纠纷方面发挥了重要作用。

以美国西海岸企业为例，多数情况下公司内部董事只有董事长与总经理两个人，董事成员中半数以上都是外部董事。一般来讲，名片上印的职位，"vise president"在日本翻译为副总经理，"senior vise president"译为高级副总经理，"executive vice president"相当于执行副总经理，但是他们并不一定就是董事会成员。

综上所述，"董事"这个概念在日本与美国就是存在如此巨大的差异。

手握大权的企业外部董事

外部董事除了负责 CEO 的人事任免之外，还担负着其他重要职责，比如为了公司发展而推进与其他公司的战略合作伙伴关系。

开创电视会议系统的美国全视通国际公司（Picture Tel），是我们的风险投资公司投资并扶持的。我作为外部董事，帮助该公司与包括日本电话电报公司（NTT）、美国电话电报公司（AT&T）在内的多家公司，以及欧洲诸多通信公司进行联络和沟通。这种刚起步的公司，由于内部经营团队人脉有限，由外部董事来弥补不足是常有的事情。

外部董事所代表的是股东的利益，因此并不会因为说了什么董事长、总经理不爱听的话就遭到解聘。如果总经理真的打算因此解聘外部董事的话，那么当事人会立刻召集外部董事会，被革职的反而可能是总经理。

对于外部董事来说，解聘业绩不好的总经理也是职责所在。如果外部董事与代表公司内部董事的总经理或 CEO 串通一气的话，这回就轮到外部董事被解聘了。在美国，不把股东的意见反馈到董事会的董事，在股东大会上是不会从养老基金这种大股东那里得到信任票的。

在美国，人们已形成一种共识，认为只要代表股东利益的外部董事超过半数，就可以避免舞弊、渎职等违法行为的出现或财务丑闻的发生。因为信奉"企业仅为股东之所有"这一基本原则，故此美国式的资本主义期待外部董事可以引导公司进行正确的管理。

无法发挥功效的美国式公司治理

然而就像在第一章所详细论述过的那样，这样的理想与期待被安然（Enron）等大公司的财务丑闻彻头彻尾地嘲弄了。我曾经批评过，在美国的大公司中之所以出现唯我独尊的"CEO无赖"，与上市公司的股票期权制度有很大关系。在已经成为金钱游戏的市场中，追求短期内股票升值的股东的利益与通过股票期权制获利的CEO的利益是完全一致的。

外部董事原本的职责是为CEO提建议，以及防止CEO过于独断专行。但是现在这一作用越来越难以发挥了，这是因为外部董事的遴选方式与原则产生了矛盾。

在解释美国式的公司治理方式时，我们通常理解的公司架构是股东大会为最高权力机构，由它们选出外部董事，CEO的位置在外部董事之下，最下方是公司职员。但是如果问起来现实中是否真有这样的公司，那却是"可望而不可即"了。

现在美国的大部分上市公司的外部董事都是由CEO来选定的。随着股票的公开上市，股东的影响力变得极为有限，股东大会也基本无法发挥其功效。股东大会否决CEO推荐的董事候选人，这种特殊情况除了在企业并购之前发生的个案，几乎可以说是闻所未闻。

CEO在第一个任期指定一名候选人，到第二任期再指定一人——以这样的方式，他可以接连不断地将与自己有利益关联的人指定为董事。这样的董事在英语中被称作"crony board"（裙带董事）。被如此选出的外部董事貌似是与本公司无关的人士，但其实或是与CEO在同一个高尔夫球俱乐部的朋友，或是CEO私人律师的父母等，全是与CEO一个鼻孔出气的人。这样一来，其代表全体股东对CEO的经营进行监督这个任务是根本不可能完成的。

当然并不是所有的外部董事都是"裙带"。但即使是真的能代表股东利益的外部董事，绝大多数情况下也是由作为上市公司大股东的养老基金派出来的。他们所要求的不是企业中长期的经营与发展，而是在短期内提高股票价格的施策方针。与CEO的短任期一样，基金的管理人也被要求在短短的几年时间之内完成出色的业绩，因此上述情况的出现也是不可避免的。

公司治理不仅仅是"形式"

像这种已经无法完成自我炫耀及市场预期的美国式经营，如果日本迷信地采用之后会发生什么情况呢？其结果并不难预测。

我在2003年3月6日的《读卖新闻》上发表的《观点——企业是属于谁的》文章中就指出，美国型的企业管理所倡导的"企业仅为股东之所有"这种看法是错误的，我是这样写的：

……日本企业没有必要完全照搬美国的方法，也没有必要被美国的标准所左右。吸收长处，修正那些不利于全球发展的弊端，应该可以建立一种优于美国公司的体系。即使把别的都搞错了，也千万不要将股票市值最大化作为企业的目标，不要把ROE等手段当成目的一味地追求数字。对于企业的归属是谁、企业的目的是什么这一类基本问题要回归初心。

毋庸置疑，企业是包含了员工、顾客、供货商等在内的公共所有物，而绝不仅仅属于股东。股东是公司经济上的所有者，他们将公司委托给了以 CEO 为首的经营团队，但公司存在的目的并不只是为"股东的利益"。公开发行股票的公司，通过提供对社会有用的产品或服务为社会做出贡献，这才是企业最根本的目的，而股东的利益只不过是其附带的结果而已。

公司是否聘任外部董事、是否设置委员会、股票是否上市，如果仅以企业的这些"外在形式"为出发点探讨企业治理的方式，终究是有局限性的。说到底最重要的是经营者的理念。如果实施以"企业仅为股东之所有"为基准理念的企业经营，又何谈理想的企业治理呢？

在我的文章发表之后，日本经历了"活力门事件"等，有很多人开始对我所指出的问题产生了共鸣。

在此后的章节中，我们要将论点转移到新创企业的资本市场利用法则，以及风险资本所发挥的市场作用上，同时希望我们能够一起探讨如何创造一个良好的环境，让新时代的企业能够立足中长期视野去规划企业的经营与发展。

风险投资公司是"项目控股公司"

20 世纪 80 年代的日本，人们连"venture businiss"*的存在都还不知道。每次我回到日本，在递出印有"venture capitalist"这一职业名称的

---

* 原文ベンチャービジネス，在日语中特指有创新性但投资风险较大的新创企业。——译者注

名片时，对方都会一脸困惑，不明白我是干什么的。venture 和 capitalist，这两个词的的确确是"风险"与"资本家"的意思，但是它们组合在一起时，就变成了"冒险的资本家"这种让人摸不着头脑的东西。这在当时也是无可奈何的事情。把"venture capitalist"这个职业翻译成日语想不到格外困难。是应该解释为"培养有前途企业的实业家"吗？总之，我的目标是培育有潜力的高新技术产业。

风险投资家的责任并不仅仅是判断新技术的价值后投入资金。我们不仅要参与资本政策及人事安排的决策，有时可能还要帮助企业进行推广。因此从我自身来看，与其把这种企业称为"风险投资公司"，不如称为"事业控股公司"可能会更准确地表达我所担负的责任。

扶持新创企业是一件需要花费时间的工作，要和经营者或开发者商讨，决定公司的发展战略及技术研发方向，一旦企业发生什么状况，还要像急救车一样飞奔过去救援。

风险投资家不仅要考虑 CEO 和 COO 等经营团队的任免、外部聘用、薪酬核定、股票期权制的审核、增资等问题，还要对企业的发展战略做最终的审批并提出建议。对企业价值观以及对周边社区的贡献等问题，也是风险投资家必须充分考虑的。即使有丰富的经验，一名风险投资家大概最多也只能同时照看 10 家公司，而对我来说 7 家公司就是极限。因为轻视这种费时费力的"孵化"过程，没有行业经验的基金经理之类的人变身为风险投资家，把对新创企业的投资演变为单纯的金钱游戏，这导致了美国风险投资行业的衰退。关于这一点我在上一章已经指出了。

"集中火力"的风险规避

风险投资家是如何规避风险，培养那些生产新时代产品的企业的呢？

我想以第二章提到过的 Oplus 这个公司为例来进行说明。

Oplus 是一家制造半导体及软件的企业，其产品应用于液晶、等离子体等数码显示器。

我之前也提到过，该公司于 2005 年与英特尔公司合并了。大约在合并的 5 年前，我与哈佛大学的约瑟夫·塞利格曼（Joseph Seligman）博士见面时，他正在研究的处理高清画质图像的算法还停留在数学理论阶段。把这个理论变成真实可见的产品并拿到市场去销售，绝不是一条轻松的道路。

听到"规避风险"，很多人马上就会想到以投资组合（portfolio）为代表的"分散风险"的手法。但是，对于培育高新技术的风险投资人来说，他们采取的必须是"集中火力"的手法，将资源集中起来投入企业。不仅需要预想到所有可能出现的困难并提前准备对策，还要灵活、迅速地处理突发事件，这才是最大的风险规避策略（如图 6）。

Oplus 公司在以色列成立后，立刻有两家基金公司表示愿意投资，它们是著名的投资家乔治·索罗斯的基金以及著名半导体生产商的基金。但是我没有接受这两家基金的投资。这是因为：首先，金融系的基金在公司出现开发延误或资金不足等情况时，会按照自己的标准进行强制斩仓（贱卖资产）。其次，如果和著名的半导体生产商合作的话，就很难再和它的竞争对手进行交易。

超尖端技术的开发并不是只要有钱就能实现的。相反，不轻易给钱，而是设定目标，在阶段性目标达成时增加资金的投入，这种做法更有效。不要用"有钱就能解决问题"这种简单的想法来引导研发团队，而是在管理和控制他们的同时，引导他们走向成功。在这种情况下，张弛有度的擒纵手法是很重要的。

在 2000 年的夏天，Oplus 的原型机获得了成功，证明了原本只存在

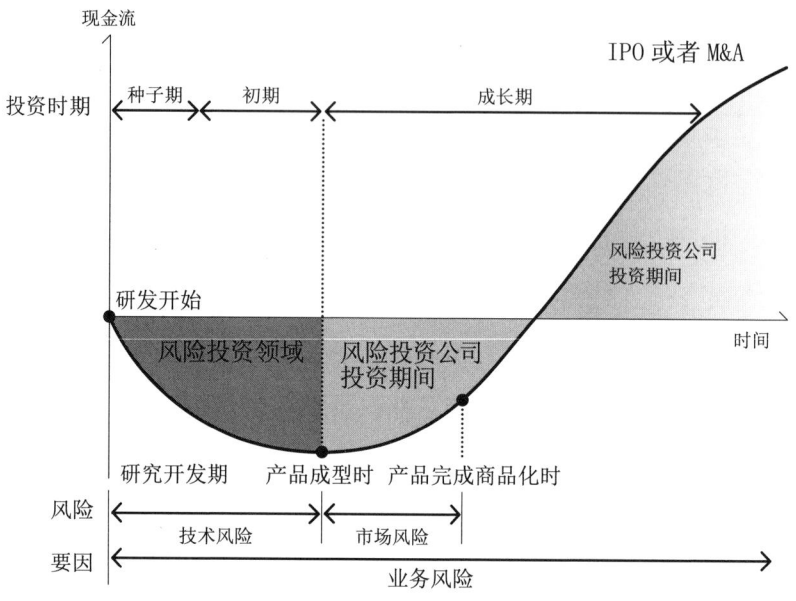

现金流

投资时期

IPO 或者 M&A

种子期　初期　成长期

风险投资公司
投资期间

研发开始

时间

风险投资领域

风险投资公司
投资期间

研究开发期　产品成型时　产品完成商品化时

风险
要因

技术风险　市场风险

业务风险

图 6　对不同发展阶段企业的风险规避策略

于理论中的算法是可以在现实中实施的，紧接着就进入了试制品的制作阶段。同年秋天完成了样机制作，接下来就该是寻找愿意购买的顾客了。与单纯提供投资的基金不同，寻找客户也是我的工作。举办制定行业标准的学会活动，代表公司与日本、韩国的显示器制造商进行商务洽谈等等，只要能试一下的我都做了。终于，制造世界顶级剧场专用显示器的巴可公司（Barco）决定采购我们的设备。以此为契机，从 2001 年春天到夏天，三星、LG、松下、三菱电机等诸多企业，相继决定采用我们的产品。

　　但是对于新创企业来说，有了大量订单后恰恰是最艰难的时期——开发费用已经不堪重负，而销售款项要好几个月后才能到账。此外，公司本部所在的以色列政治局势恶化，Oplus 的外部环境也发生了突变，这些状况综合起来导致 Oplus 的财务状况极其窘困，如果不追加投资，连第二个月的工资都无法支付了。我们设定了成功的时间节点并依此决议追加投资。当现金流终于初露好转的端倪时，已经是 2002 年的夏天了。

新创企业的两大风险

总计约 30 亿日元的投资，经过 5 年时间的扶持，Oplus 成长为得到市场认可的企业。这在风险投资界可以说是非常成功的一个案例。

如果是以兆亿级日元市场规模为目标开发新的核心技术，即使商品化的前景非常乐观，一般情况下也需要 10 年左右的漫长等待。要想把新技术推广到其他行业，那么必须成长到一定的规模。

因此，从零开始的新创企业的技术研发，从大的方面看，在特定时期存在以下两个风险：

①该设想是否能够成功运转的"技术风险"；

②技术成型后，市场能否接受产品的"市场风险"。

以 Oplus 为例，第一阶段是从学术理论到原型机再到试制品的研发阶段，第二阶段是拿着样机寻找顾客的推广阶段。

新创企业很难从金融机构得到贷款，其原因在于开发阶段存在很多风险因素。其中风险最高的就是处于第一阶段的企业。在过去的一个时期，美国之所以能够建立起 IT 这样的骨干产业，我认为完全可以归功于风险投资家对新技术进行了分析和判断，并自行承担风险，持续长久地为新创企业提供了资金。

当然，风险投资利用的不只是自有资金，它们也会接受来自养老基金、财团、大学基金、个人投资家以及实业公司等的投资。虽说是承担风险，但动机还是尽早让公司取得成功，通过股票上市、与大企业合并，让投资有所回报。根据出资人的意愿，风险资本的投资方向各不相同，有的只投资处于第二阶段市场风险期的企业，或者只投资处于第一阶段的、周期短规模小的技术研发期企业。和过去相比，在近几年的风险投资领域中，养老基金的话语权逐渐增强，希望在短期内得到投资回报的倾向越来越明显。

当抱负遇到资本，新的企业就会诞生

对于那些只有几名员工、尚处在起步阶段的新创企业来说，风险投资家的工作与其说是"投资"，不如说是"一起创办企业"。因此，对投资人而言，创业者是否拥有可以引发投资人共鸣的抱负，是否拥有实现其抱负的必要技术，以及是否拥有无论在任何情况都要实现其抱负的满腔热忱，是极其重要的。因为只有在这些条件全部具备时，投资人才会不惧怕风险和不惜精力与创业者共同创办企业。

当然，要让处于初创期的企业获得成功并具备长远发展的潜力，管理团队是非常重要的。我可以断言，仅由创业者和投资人开创的公司，90%以上都会倒闭。因此，投资人的首要工作就是组建一个优秀的管理团队，并以此促进市场、财政、研发、制造、销售等企业发展动态要素的成熟。

如此一来，需要风险投资家在新创企业股票上市或通过企业并购与大企业合并以前，以担任董事长或外部董事的方式积极参与经营管理。来自风险投资方的外部董事，掌握着人事与资本决策两大重要权限，这与日本的"花瓶"外部董事绝不是一回事。

曾几何时，我们都认为创办企业需要人（劳动力）、物（机械设备、技术）、财（资本），但是这种传统经营模式已经不适用于现代的新创企业了。

现代的新创企业诞生于抱负与资本邂逅的那一刻。也就是说，新创企业是由拥有新技术或创意的创业者，与理解其抱负并愿意出资的风险资本家二者共同创造的。新时代的技术开发，只有创意与资金相连才能成为可能，二者就如同汽车的两轮，相辅相成，缺一不可。

头衔有时并不代表上下级关系

我们这些风险投资家，在遇到拥有优秀才华及远大理想的人时，常会鼓励他们创业。但是，我们一般不会让这个人担任总经理，一般情况下会让他担任负责研究开发的部长职务。对于需要拥有丰富管理经验的总经理职位，我们尽量从公司外部招聘。

日本人常常会觉得创业者当不了总经理，这实在是说不过去。但是很多创业者原本就并不想从事财务、宣传、销售等工作。他们大部分都是潜心研究、醉心科研这一类型的人，特别是在生物工程领域，在研发型企业中，这一倾向就更加明显。在研发方面有特长和能够胜任总经理是两码事。总经理一职如果不是由经营管理领域的专家担任，是不会称职的。

在美国，擅长管理的人当总经理，擅长技术开发的人担任研发部主管或者研发副总经理是最正常不过的。我把这种做法叫做"职务功能论"。从 20 世纪 80 年代开始，这一做法在我的经营学理念中占据着举足轻重的地位。

按照"职务功能论"，董事长、总经理、副总经理这些职务，并不一定代表着上下级关系。不要以为副总经理比部门主管厉害，总经理比副总经理了不起，不要被这种机械化的思维方式所束缚。所谓职务，不过是让每个人按其特长承担了相对应的工作。以量才适用为出发点，只要能够提高组织整体的工作效率就是好的，这个道理要想清楚。这是美国式的扶持新创企业成长的特别之处，也是优化企业经营发展的重要因素。

在日本，银行的那点能耐不过是抵押个人资产然后提供贷款，这样的银行毁掉了不少新创企业创业者的才能。无论在美国还是日本，极富独创性（creativity）的新创企业的创始人，往往不擅长从事经营管理（management）工作。

但是日本的银行往往指导创业者们："既然要当企业经营者，就要学习库存管理与财务知识。"这导致了创业者在自己最不擅长的领域浪费了时间，无法实施已经构想清晰的抱负。在大多数情况下，独创性与经营管理是两个相互矛盾的概念。

部门主管的工资可以超过总经理

美国的新创企业，可以说完全没有日本这种封建式的上下级关系。处于创业期的企业，员工的职务会不断变换，但是大家绝不会因为职务变动而产生被降级的负面情绪。

我们的风险投资公司投资的企业，哪怕创业者在企业成立之时担任了董事长兼总经理及 CEO，我们也会尽可能地让他早日从董事长、总经理这类职务中解放出来。名片上的头衔虽然从董事长变为了副总经理，但是创业者本人绝不会因此而感到失落，这正是硅谷的有趣之处。创业者有时候会在董事会中担任名义上的主席，但他的实际职务是担任负责研发的副总裁，因此名片上印的头衔是"Chairman&Vise President"，翻译成日语就是"董事长兼副总经理"，这种头衔对日本的商界人士来说的确有些不可思议。

将"职务功能论"变为可能的不是头衔，而是反映供需关系的薪酬。事实上，在美国的新创企业，总经理拿最高工资反而是少见的情况。拥有特殊才能的人比具有管理能力的人要少得多，具有可遇而不可求的珍稀价值。因此研发部主管的薪酬超过总经理是很自然的事情。甚至，即使不是创业者，工程师的薪酬高过总经理的例子也屡见不鲜。

同样是在美国，如果是在纽约等东海岸地区的历史悠久的企业中，上下级关系还是非常明确的，因此这种"职务功能论"并不适用。即使在新兴企业相对较多的西海岸，当企业规模足够大时，人们也会像在日本一样，执着于头衔与职务。

当然，对于美国的新创企业来说，保障获得最优人才的方法，并不是只有"职务功能论"这一种。

硅谷成长与发展的精神支柱

在日本，从大企业跳槽到中小企业的情况并不多见，而且优秀的人才并不只盯着大企业，他们想进入政府行政机构的意愿也非常强烈。与此不同，在美国，从自己曾经建功立业的大企业跳槽到中小企业是很普遍的现象。比如大企业的总经理被猎头选中，跳槽成为小型新创企业的经营者，这种事例并不少见。另外，斯坦福、麻省理工（MIT）这类名校的毕业生中最优秀、最有才华的人，更多的是选择进入中小企业或者自己投身创业。

我的母校斯坦福大学的校长，曾经在对毕业生的临别赠言中做了如下的训诫："美国传统的开拓精神就是从东部来到西部，到了旧金山再往前就是大海了，因此位于西海岸的斯坦福必须继承发扬这一开拓精神。"还有一位工学部的系主任，鼓舞富有创业精神的学生们说："没有土地就在校园创业，没有钱大学给你们出。"上世纪70年代末的斯坦福大学，已经为新创企业提供了极其优越的创业环境。

学生们也意气风发地说："把到大企业就职、爬升到顶层这样的工作让给东部的学生去做吧！""我们要创办自己的企业，或者进入中小企业，然后用自己的双手把它做成大企业。"因此,在就业时根本没有人选择IBM、埃克森(现在的埃克森美孚公司)或者曼哈顿大通银行(现在的摩根大通集团)等有名的大公司。

有一件事令我至今记忆犹新,那是时任美国财政部长的布鲁门塔尔(W. M. Blumenthal)在校园招聘期间访问斯坦福大学时发生的事情。他站在演讲台上,对学生们呼吁说"来财政部吧",结果话音刚落,"我们这些优秀而充满拼搏精神的人,为什么要去官僚色彩浓重,又不能挑战风险的地方?"学生们异口同声的嘘声响彻了整个会场。

未来就是新兴中小企业的时代

无需赘言,正是因为有这样的学生,日后硅谷的新兴企业集群才取得了惊人的成长。在人才补充这个问题上,美国的新创企业的确拥有让日本中小企业无比羡慕的良好环境。

讲述这些往事,我并不只是想推广"在创办企业时不要在意头衔"这一类的创业基础知识。我想告诉大家的是,今后的日本也很有可能会迎来新兴中小企业的时代,或者说迎来新创企业的时代。这种巨大的变化已经在以美国为首的西方世界展开。在新创企业兴起的同时,大企业所承担的社会功效已经明显地退潮而去。

我已经介绍过,引领软件、通信技术、生物技术等骨干产业的是美国的新兴企业集群。大企业为了对抗新创企业迅速发展的势头,采取了分公司化或分权化等措施,但是在技术领域却怎么也赶不上新创企业,其原因在于产业结构已经发生了巨大的变化。

在汽车、电子工业等必须投资大型设备的"实物型工业产品"时代,员工人数众多、资本规模巨大的企业能够发挥更高效率。但是在"知识型工业产品"时代，形势就完全颠倒过来了。对于软件产品的生产，大规模的组织结构反而成为累赘，而灵活的小型企业在效率上拥有更大优势。

不断裁员的大企业与增加雇佣的新创企业

可以通过以下数据观察美国新创企业的平均规模。创业的第一个年度，雇佣的员工人数大约为 16 名，这是由隶属于美国风险投资协会的投资人所扶持的新创企业的平均值。到创业第 6 年，雇佣员工的人数会超过 200 名，这是一个普遍性的发展过程。当然，失败的企业也有很多，但是这个数据还远远不能代表美国新创经济所拥有的活力。

与此相对应，中小规模的新创企业在不断增加雇佣员工时，美国大企业的雇佣人数反而在持续减少。宏观经济统计数据也表明，从 1989 年到 1993 年的 5 年时间，美国新创企业的雇佣人数增加了 25％，而被称作"全球五百强"的美国大企业在同一时间，反而减少了 3％的雇佣人数。

20 世纪 80 年代美国大企业的大规模裁员，也许确实是因为经济不景气不得已而为之的。但是在美国经济恢复之后，大企业还在不断裁员，其理由居然是"为了优化业绩"而削减员工。如今已经变成了经济景气与雇佣状况不发生关联的令人难以理解的时代。

这一现象的出现也是因为受到不良风潮的影响——通过压缩资产、人工费等支出，ROE 会得到提高，企业的股票价格也会升值。但是即使没有这一现象，雇佣员工的主体力量也已经逐渐从大公司转移到中小企业，这个趋势基本是不会变的。

重要的是像艺术家一样的创造力

从 1980 年到 1990 年，在生产软件、通信技术、生物技术等新的"知识型工业产品"的领域，相比大型企业，中小企业发挥了更大的作用，其原因究竟何在呢？

在制造业，创造性所拥有的巨大价值并不仅仅体现在"知识型工业产品"上。在生产电子设备、汽车等"实物型工业产品"的时候，创造性也同样重要。但对于"知识型工业产品"来说，创造性不仅拥有更重要的地位，而且其含义也大不相同。

对"实物型工业产品"来说，重要的是局部技术改良（innovation）的不断叠加。为了实现这一目标，大企业所拥有的秩序井然的金字塔形的组织结构发挥了巨大的作用。但是"知识型工业产品"所追求的是能够带来根本性思维变革的发明（invention）与发现（discovery）。在软件、通信技术、生物技术等产业领域所必不可少的创造力（creativity），是类似于画家和音乐家所拥有的、富有独创性的艺术家型的创造力。

贝多芬、毕加索等艺术家所创造的全新的艺术流行趋势是不可能由集体创作完成的——哪怕是这个集体中的每一个个体都非常优秀。纵观过去伟大的艺术作品可以看到，没有哪一件作品是从巨大的金字塔般的组织中产生的。

我们应该看到，美国积极从国外引进移民的传统在丰富创造力方面发挥了很大的作用。

真正全新的事物，并不是一群聪明人聚在一起就能产生的。例如，像日本大企业这样拥有相同文化背景、属性类似的集团，也许可以去实现改良，但很难产生创新。同样都是汇聚最强大脑的集团，美国的新创企业所汇聚的人才具有不同的文化背景，因此可以碰撞出具有颠覆性的创造力。

虽然聚集了优秀的人才，但止步于旧有的延长线上、专注改良的大企业，很难寻找到"知识型工业产品"的世界所要求的技术突破（technology breakthrough）。这种突破只诞生于拥有像艺术家一样的独创性和丰富想象力的个人或小集团的周围，这正是中小企业在"知识型工业产品"行业所拥有的巨大优势。

最大公约数的市场营销里没有创新

企业在开发新商品时一般要事先进行详细的市场调查，从宏观角度考察和分析大众的需求。但是这种方法对生产"知识型工业产品"的企业并不适合。从宏观角度寻找大众需求的方法，在新兴产业领域中大概是没有成功的可能性的。

之所以这么讲，是因为在市场营销中脱颖而出的新商品，说到底只是世间大部分人所认可的最大公约数性质的事物。假设新创企业在这种没有个性的优等生身上进行研发和投入，是根本无法战胜资本力量雄厚的大企业的，更无法发挥中小新创企业的优势。所谓市场调查，从根本上来讲，是大企业用来生产畅销的"实物型工业产品"所使用的方法。

如果把市场调查机构的调查结果强行套用在"知识型工业产品"的研发上，其失败是显而易见的。这个领域所需要的是没有任何人涉及过的全新理念，而不是谁都喜欢的"大众情人"。技术研发如果固执于调查结果，反而会看不清真正有需求的消费者的面貌，以至于在最基本的性能和规格设计时就误入歧途。

生产"知识型工业产品"的新创企业面对的是未知的市场，但是这个市场一定会随着时代而增长，在这种市场取得成功的最关键一点是"在小的市场中获取最大的份额"。如果是"实物型工业产品"，市场占有率为第二、第三的企业在某种程度上也拥有一定的话语权。然而与"实物型工业产品"不同，"知识型工业产品"的行业标准，好像是在某一天突然之间建立的，市场份额里没有什么第二、第三的位置，永远都是第一名独占市场，获得成功。

打造拥有共同目标的扁平化组织

如果在集团内部不能让个人能力发挥到最大限度，那么，在"知识型工业产品"领域就很难创造出全新的产品。为了生产"实物型工业产品"，大企业搭建了巨大的金字塔形组织结构，个人被头衔和上下级关系等所束缚，组织成员的个人能力是无论如何都不能发挥到最大限度的。当然，新产品的设计与音乐、绘画等艺术作品的创造不同，绝不是仅靠一己之力就能够实现的。

那么，与"知识型工业产品"时代相吻合的新型组织系统到底应该是什么样的呢？

如果硬要总结的话，那就是"总经理与普通员工没有太大差别，实施扁平化、网状管理的中小企业"。

2006年我参与了XVD公司管理层的组织结构改革，我想以此为例与大家探讨一下这种扁平化管理模式的可行性。XVD是一家研发图像压缩技术的新创公司，开发了可以将大容量的图片压缩并利用低带宽的网络进行传输的技术。这个技术最独特的地方在于，不需要使用计算机就能够即时压缩高清画质的图片。这样一家拥有独特技术的公司，在2005年年底，因为之前经营团队的失误而陷入进退维谷的困境。在自以为是的经营者管理下，公司的开发完全无视客户需求，属于典型的不负责任的瞎胡搞。

我临危就任这家公司的法定代表人、董事长，一上任就立刻着手从根本上进行了组织结构的变革。

我在XVD所引入的新型企业管理模式，并不是大家所熟悉的总经理下设各部门的垂直型管理模式。对中小企业来说，这种管理模式是绝对行不通的。XVD 的新组织结构采用的是以总经理为中心的圆形分布。

这种管理模式最大的特点就是各部门都能够了解其他部门的情况，能够在相互沟通的同时积极地协同工作。在每周一次的执行董事会上，各部门主管轮流担任会议的主持人。在其他企业，这种会议一般都是由董事长来担任主持人，但是在 XVD，负责主持会议的各部门主管，需要提前去其他部门了解情况听取汇报。这样的方式持续了一段时间后，各部门主管都加深了对其他部门的理解，并以此为出发点调整本部门的工作，主管们的问题意识逐渐接近于总经理的水准，这就在意识层面消除了总经理与员工之间的隔阂。

组织结构焕然一新后的 XVD，用几个月的时间完成了技术部门的裁员，进入了结构重组的最后阶段。产品相继问世，经费得到控制，销售额也获得迅速增长。

如果想把这种管理模式引进到已经习惯于垂直管理模式的大企业，绝不是一件容易的事情。但如果是中小企业的话，可能性就很大。特别是对于拥有全新使命（mission）的小型项目，这可以说是最合适的管理模式了。

重要的是，组织系统的每一位成员，都放弃自己的部门是否获利这一得失判断标准，形成以公司整体发展为目标的共同意识。这种共同意识的关键在于要将互助互利的意识与个人对工作的荣誉感和责任感相结合。而为了实现这一点，则需要不是固执于眼前的利益和成果，而是先行建立组织系统内部的"可信赖的伙伴"关系。

仅看财务报表，会觉得新创企业全都濒临破产

为了创造全新的"知识型工业产品"，不仅需要在研发上投入大量资

本，并且需要长期专注于研发。搞研发不是一朝一夕就能开花结果的。

对于股票已经上市的大企业来讲，如果要让其按照这个标准转换整体的经营方向，ROE 数值就会下滑，股票价格也会马上下跌。这也是大企业在"知识型工业产品"领域难以取得成功的一个重要原因。

计算机软件、通信技术以及生物技术领域的研发，在不以 ROE 为评判标准的小型新创企业中反而更容易进行。对于"还不成气候"的企业，ROE 与股票价格没有联动性。对成长性才是最大优势的新创企业集群，必须用全新的视角去评价。

如果非要用 ROE 这一类标准去衡量的话，具有很大成长性的新创企业集群就绝不会成为好的投资对象。看一下新创企业的损益表以及资产负债表，你会觉得这与马上就要倒闭的公司的财务报表很像。创造"知识型工业产品"的新创企业所拥有的潜力，绝不是仅靠商学院（business school）所教的用数字就能够分析出来的。

投资给谁都不敢相信的未来

那么我们风险投资人到底应该注重哪些问题呢？我觉得还是要看前景。如果一定要用经济学术语去定义新创企业的投资价值，可以做如下解释：该项目是否拥有切实可行的商业规划，足以鼓励投资者对其进行直接投资，从而保证实现该项目的目标和抱负所需要的现金流。

在计算机全盛时代的今天，如果有人说"计算机时代马上就要结束了"，任谁也不会相信。但是，新创企业的创业者们能够抓住世事不断变化这一本质，提倡新的商业模式。对于这些创业家，即使周围的大多数人都不相信他们的预见，风险投资也会提供资金——这是曾经的美国风险投资公司的态度。

请大家一定记住，新技术的出现会带来社会结构的变化，继而一切都会随之改变。在西部拓荒时代，有篷马车在美国各地都非常普及，是重要交通工具，可是时至今日还有多少人知道它呢？当时，一些公司相继收购各地的有篷马车公司，将其全部归于自己名下，好不容易确立了自己的行业统治地位，然而这时铁路却出现了。巨大的有篷马车公司犹如朝霞中的晨露，黯然退出了历史舞台。

回顾这些历史事实，今天的我们会觉得这是理所当然的事情。然而在当时提到长途交通工具，大多数人只知道有篷马车，你跟他说马车公司会消失，对他简直就是天方夜谭。

必须从"自己想要尝试"的主观出发

如果问风险投资人有没有投资秘诀，我觉得最重要的是要有"主观的判断能力"。

比起未来预期的销量，风险资本的负责人要把自己当作终端用户，去选择那些生产"自己见了一定会想使用"的产品的公司。

我们投资且大获成功的全视通（Picture Tel）就是上述理论的极好案例。从美国西海岸到东海岸坐飞机要 6 个小时，长途飞行非常疲惫，经济上也很不划算，于是我想，能不能用电话开会呢？如果有这种技术的话，我自己拿上就会使用。这个想法决定了我的投资判断。虽然在技术与资金方面有很多需要解决的难题，但是我们在 MIT 挖掘到了有才华的开发者，这个创新项目逐渐走上了成功的轨道。

毫无疑问，正是这些新创企业和风险资本为那时的美国经济注入了活力。优秀的人才与能够预见未来的资本，二者的结合使得当时的美国不断涌现出拥有核心技术的小公司。因为有关企业并购的市场条件逐渐完备，大企业通过收购这些小公司或与其结成战略合作伙伴（alliance）而被注入了新的活力。

20世纪80年代，美国汽车行业陷入萧条，当时一度濒临危机的克莱斯勒、福特等大企业的复兴，也是因为与生产计算机软件、通信技术等高科技产品的新创企业合作，发挥了"协同效应"的结果。

那么能否让风险投资作为一种振兴经济的方法，在充满闭塞感的日本落地生根呢？我想通过分析彼此的异同来探讨一下这个问题。

日本的风险投资保守吗

人们经常诟病日本只有保守的风险投资。当然，对一部分已经成气候的网络企业，日本的风险投资公司的投资也是很积极的。这个另当别论。

日本的风险投资公司，事实上大部分是证券公司、银行等大型金融机构的子公司。在金融机构从事过审查工作的人，都是在如何减少风险上积累了大量经验的专家。因此，让他们给有风险的企业投资，然后通过积极参与企业经营来减少风险的想法，对他们而言就近乎无稽之谈。所以即使日本的风险投资是保守的，从某种意义上看也是理所当然的。

与此不同，在美国除了有类似日本这样隶属于金融机构的风险投资公司之外，还存在大量独立资本的风险投资公司以及联合投资形式的风险投资公司。从1980年到1990年，包括我们的风险投资公司在内，独立资本的风险资本公司对处于启蒙期、风险极大的新创公司进行投资是很常见的事情。

但即使是在美国，著名金融机构下属的风险投资公司的投资模式也与日本一样，是趋于保守的。让这些公司给刚起步的新创企业投资，实在是强人所难。我觉得隶属于金融机构的风险投资，原本就应该是给已经发展到后期的新创企业（不是存在技术风险，而是存在销售风险的企业）投资的。

比起投资更像是融资的日本风险投资

有关风险资本的投资风格，日本和美国也截然不同。

日本的风投，与其说是投资，不如说是融资更为准确。大型风险投资公司的投资合同中，往往会看到类似这样的条款——如果创业失败，创业者要承担返还资金的义务。风险投资公司希望在创业取得成功时获取巨大利益，同时却又要求在创业失败时由创业者负责填补投资的亏空，这是与股权（equity）投资的基本原则相违背的，实在是不合情理。

在美国，的确也有一部分风险投资公司接受可转换债券（附有新股预约权的公司债券，正式名称为可转换型附新股预约权公司债券），但是在一般情况下，特别是独立资本的风险投资公司，大部分都是进行纯粹的投资。不用说，我的风险投资公司迄今为止从来没有要求过任何质押。

不同方式的投资导致了在扶持新创企业时出现了两种截然不同的做法：一种是参与型（hands-on），另一种是放权型（hands-off）。

在日本，大部分风险投资都采取放权型。风险投资公司在投资后，大多不参与经营管理，只是"默默地守护"。而与此不同，美国的独立资本风险投资公司一般都是参与型的，很多投资方都会积极参与公司内部的经营事项。但是像上文所述我们所做的那样，既参与技术研发方向的决策，又进行寻找客户等销售活动的风险投资公司还是并不多见的。一般来说，美国的风险投资公司参与经营的核心内容，大抵还是为了回收投资而筹划股票上市，以及通过企业并购等寻找投资退出路径（exit）。

经营与资本的分离

在日本，一说到创业者，浮现在人们脑海中的一定是辛苦劳作的形象。他们因为流血流汗努力打拼，才将公司打造到今天的规模，所以一般都洋溢着踌躇满志的自负。

确实，如果想在日本创业，为了凑足创业资金，多半的创业者要把自己的房屋拿去抵押，以个人资产做担保从银行借入几千万日元的贷款。他们正是因为为创业赌上了身家性命，所以才会吃苦耐劳，拼命工作。

而美国的创业者虽然也会拼命工作，但是却没有那种把人生全部赌上去的悲壮感。他们给人的感觉更加开朗，甚至很多人都是属于幽默类型的。

我认为，这其中重要的原因可能在于他们即使失败也不用担心会被风险投资公司拿走个人资产。美国风险投资的一大特征就在于经营与资本相分离。

发挥着类似直接金融作用的日本银行

以前，日本的银行承担着为企业提供中长期贷款的职责，这种贷款颇有些"疑似自有资金"的特点。特别是第二次世界大战后的很长一段时间，日本对煤炭、钢铁、纺织等骨干产业集中投入人力及资金，这被称为（资源）倾斜式生产方式。银行将有限的资金集中借贷给"受国家指定"的产业领域，即使是不赚钱的行业，也会源源不断地为其提供贷款。只要企业不倒闭，只要还有现金流，银行就义无反顾坚持投资。

终于有一天，银行自身的情势发生了变化。银行为了提高自身的资本比率，就必须提高 ROE 的数值，因此加紧了对贷款的回收节奏，这是大家都知道的事情。

如果照此发展全部演变为美国模式的话，银行这种间接金融所起到的作用就只能局限于为企业提供短期资金了，尤其是周转资金。企业为了给顾客提供商品，必须提前好几个月购买原材料；而顾客即使购买了商品，也并不是当天就会付钱。银行所能提供的贷款只是短期资金，只能维持从最初费用产生到商品销售资金回笼之间短短数月的时间。

企业开创新项目、进行高风险研究开发、投资大规模设备，都需要中长期资金的投入。除了日本政策投资银行等少部分特例之外，愿意提供贷款的大型城市银行将越来越少。可以确定的是，以往银行职员以对贷款人身份鉴别为依据提供贷款的，虽然属于间接金融，但其发挥的作用近似于直接金融的案例，今后也会越来越少。

日本的中小企业会有未来吗

日本的中小企业自身没有充足的内部收益留存，必须依靠银行之类的间接金融。但银行对企业的信用等级却越分越细，对于 ROE 高的公司或者资本雄厚的公司就降低利息，对其他公司就提高利息，这样的倾向越来越明显。可以说，如果像迄今为止那样依赖间接金融，中小企业是没有未来的，因为光是为支付员工工资以及采购原材料就已经忙得不可开交了。更别说利用银行贷款进行新项目的开发了，就像我在第一章指出的那样，那是绝无可能的。新项目与新的研究开发原本就是高风险的事情，有风险就意味着钱有可能会打水漂。然而银行贷款是无论如何都要偿还的，把银行的钱用在研发上会导致公司破产。把不喜欢风险的钱投到有风险的研发上，这是搞错了资金的属性。但遗憾的是，很多日本的中小企业都意识不到这一点，才导致公司陷入窘境。

那么到底应该何去何从呢？

中小企业想要有所创新时，必须先建立新的项目管理模式。例如成立一家分公司，然后将资本集中到分公司，再由分公司承担开发新产品的风险。做不到这一点的中小企业，可以看作是对资产的浪费，是没有未来发展空间的。这在如今的金融体系中已经越来越明显。

中小企业一定要仔细看清楚，自己企业的资产到底是什么。它可以是技术，也可以是人才。

企业将自己拥有的最核心的东西拿出来创办分公司，这叫做"分拆"（carve out）。将事业发展规划、母公司的技术以及优秀的人才集中到一起，然后吸引外部的资金进入；通过这种方式生产创新产品，提高销售，然后将销售额的 20％以专利使用费的形式返还给母公司。通过这种专利经济的方式，母公司也可以积累资本，说不定还可以以此进行新项目的开发。

谁会给这种新型企业模式出资呢？在现阶段就是风险投资家了吧。风险投资公司之所以提供资本，并不是为了帮助那些中小企业按照目前的方式继续生存下去，而是为了通过新的项目模式培育新技术、新企业。

取代风险投资的新型投资模式

我们需要参考美国新创企业在"知识型工业产品"领域取得的成功经验，并以此为样本，分析日本应该如何培育有能力开创骨干产业的新创企业。

美国的新创企业已渐渐失去了创造新时代骨干产业的能力。这其中最大的原因就是我上文提到过的，因风险资本的过剩而导致的资本游戏化。在新创企业的起步阶段，风险资本可以投入资金并使企业股票价格上涨，但是对于存在巨大技术风险的项目却无法进行长期的投资。

因此从全世界范围看，创造新兴产业的核心技术逐渐枯竭。日本如果真想大力扶植新创企业的话，只模仿美国是远远不够的。单纯的模仿只会重蹈美国的覆辙。

那么我们来分析一下具体应该做些什么。

作为创新项目的出资方，间接金融领域以银行为代表，直接金融领域以风险投资为代表，此外还有租赁、证券、保险等其他类型的金融机构。然而这些金融机构都没有长期承担高风险，并将创新项目产业化的能力。这样一来，我们就需要建立一种全新的模式：它能够给新创企业持续地提供资金援助，相应地也能够得到回报。

我把这种模式称为"创业资本"。

纵观全球，现在所需要的是在技术风险很大的初期阶段，对技术进行积极地投资，然后引导其走向成功的能力。创业资本能够继续发挥以前风险资本的作用，但它的理念基础是从未在欧洲和美国出现过的。

创业资本的主角是事业公司

创业资本的源头是由多家事业公司共同组建的、以开创新的骨干产业为目的而设立的基金（机构或者说是特殊目的企业）。各企业都拿出自己的一部分研发经费，每年提供给创业资本。通过这样的方式，大概可以形成几百亿日元的创业资本。以事业公司作为创业资本的主角，是期望通过长期培育创新技术以实现双赢。

对提供资金的事业公司来说，首先，向创业资本提供研发经费等于是在新的成长领域为公司找到一块垫脚石，使公司可以更主动地参与其中。其次，创业资本所进行的研发对公司内部而言属于"外部"，使它和自己公司所进行的研发之间保持一种协调而紧张的关系，可以进一步推动技术发展。最后，既然是投资，就能够预见收益。

综上所述，创业资本的模式就是通过事业公司的投资以及对经营的积极参与，来促进新创企业新技术的产品化。并且，各金融机构也可以搭车创业资本而获得收益。在这个世界上，还存在着一些热心中长期投资的投资家，他们盯着的都是那些虽然耗时长久但影响力巨大的核心技术。如果创业资本能够成形，那么一定会在全世界范围内引起这类投资家的关注。

不管怎么说，创业资本的主角说到底还是事业公司。它们是为了创造新兴产业这一目的进行投资，而不会像近几年出现的以养老基金为背景的体量过于庞大的风险投资公司那样，只会遵从金融机构资金方的意见，一味地追求短期利益。

打造让企业勇于投资新技术的社会环境

现在的大环境是民间企业很难对外部的新创企业进行长期投资，其主要原因就在于会计制度。对创业资本的投资如果还按现在这样的方式计算，也会被计入总资产。如果这一部分资产被列入长期投资项目，其资产价值会根据时价会计制度而不断变化，这会在很大程度上影响企业的业绩。有风险性的长期投资会在时价会计制度的桎梏下举步维艰。

但是，即使是在现行会计制度之下，如果改变想法，也能创造出发展骨干产业的良好环境。如果给新创企业提供的资金不算作投资，而是作为几个年度的研发经费来计算的话，那么就不会被看作是资产的一部分。

另外，接受研发费用的新创企业，会发行初始价格极低的新股票预约权。如果采用这种方法，自然可以期待投资的回报。因为不受时价会计的影响，这种方法在现行会计制度下也具有实施的可能性。

此外也可以考虑这种做法，就是在把对高风险技术进行的长期投资算入资产时，将资产价值设定为零，这就是所谓的强制减损会计。在这种情况下，发生的损失是可以与利润相抵消的。当然，这种方法需要改变会计原则与税制，不是目前就能实现的。但是考虑到日本的未来，为了创造新兴产业，必须建立与其相符的法律、税制以及会计标准。

国家承担的责任也将变化

我们希望国家做的，并不是以成为世界最先进的 IT 国家为目标而制定的"E-Japan 战略"（2001 年）这一类事情。由国家来决定新兴产业的前景，绝对不会有好结果。

政府所应该积极承担的责任，是建立一种能够凝聚全球的资金与最优秀头脑的制度。对于民间共同成立的创业资本，国家拿出同样金额的资金应该也有不错的效果。比这件事更应该优先处理的是，如果有一项高新技术可以在 10 年时间创造出数兆日元以上的产业，那么对于培养和扶持这种技术的基金，在税收方面应给以优惠政策。

不仅要建立一种新的会计体制，对创业资本的投资将按照亏损做处理，同时，如果投资方行使新股票预约权，卖掉股票获利后进行再次投资的话，此时应给以免税（或者延期）之类的优惠政策。这种能够促进再投资的制度，应该也适用于在东京玛扎兹（Mothers）那种新三板市场上获得投资收益的人。应该规定，如果在两个月内，投资人把收益投资给包括创业资本在内的新创企业或风险投资公司时，可以延期缴纳所得税。如果设计出这样的制度，投资家也许就会考虑，与其交税，不如成为新兴产业的出资人了。

如果完善了这样的制度，民间就会自动出现新兴产业的原始资金。这是因为新制度可以促使全球的资金回流，以支持能够振兴新时代骨干产业的、具有划时代意义的核心技术。

同时，这种做法应该也能够减轻日本政府现在所面临的庞大的财政赤字。也就是说，能够大幅度减省以往政府聚集资金，再将其分配到各种必需领域的过程。这与日本现在所推进的精简中央机构等目标也是一致的。从结果上看，它也会促进"小政府"的实现。

重新审视企业治理的内容

在创建新的模式以促进新产业发展的过程中，一定有许多地方需要做出改变。但是这种变革并不只限于人们"希望看到的"。在历史长河中，从重农主义发展到重商主义，社会结构也随之发生了变化。变化不仅体现在经济模式上，也体现在资本与经营的关系上，甚至连国家所承担的责任也发生了变化。

从生产有形的"实物型工业产品"到生产无形的"知识型工业产品"，变化贯穿于整个时代变迁之中。这样看来，后计算机时代的骨干产业也必然会带来社会结构的改变。

其中最受冲击的应该是被称为现代产业及金融资本主义基础的股票价格与企业价值的关系。只有生产高附加值产品的行业才会形成高股价，这种社会认知一定会被修正。

同时，培育最大限度发挥个人能力的扁平化管理模式的新兴中小企业的创业资本的出现，将使得"企业仅为股东之所有"这种思维定势退出历史舞台。不论是在日本还是美国，公司的治理模式都会发生变化，也许，我们可以称之为新资本主义时代或改良资本主义时代。

第四章 >>>

通过商业项目解决发展中国家的贫困问题

邂逅风险投资

第一次知道风险投资的存在，是 1980 年我在斯坦福大学商学院读研究生的时候。这里每周三都休息，而且时间可以自由支配。我决定用它来采访硅谷的经营者，尤其是公司创始人（founder）。

在和他们聊天时，我发现有不少公司在 3～5 年的很短时间内就完成了创业、上市的过程。为什么能做到这么快呢？在提问的过程中，我了解到是风险投资在起着重要的作用。

究竟什么是风险投资？我虽然懂"冒险"（venture）和"资本"（capital）这两个单词，当时却并不了解风险投资，因此十分好奇。

硅谷的企业家们对于我这样的学生都予以热情接见，所以我以为按照同样的约见方式也能很快就见到风险投资人。但是，当我试图约见他们时，都被毫不客气地拒绝了。我觉得一定是风险投资人比企业家要忙，所以，我尝试等候在他们公司的门口，希望得到接见。这种"求见"如果是在日本，大概等候5次，对方就会于心不忍答应"求见"的要求，但这招在硅谷不管用。很多"求见"的对象对我都是熟视无睹，一副不理解你为什么要把时间消耗在这类无聊事情上的感觉。

事情毫无进展，因此我很难了解风险投资的实际情况。但幸好商学院里有布鲁克·拜尔斯（Brook Byers）、富兰克林·比奇·约翰逊（Franklin Pitch Johnson）等草创期的风险投资人担任讲师，托他们的福，我学到了很多有关风险投资的知识。虽说掌握了知识，但风险投资并非想做就可以马上从事的行业，因为顾名思义，你首先要筹到一笔资金作为投资的本金。

从考古学到企业经营

学生时代的我因为对中美洲的古文明遗址着迷而热衷于考古，眼前的未来之路就分为了两条：要么考研，拿个考古学的博士；要么从商，等赚到钱后把考古学作为业余爱好继续坚持下去。

当时我想，就算我在日本当了考古学家能坚持研究，也不知职业生涯能不能让我重新回到中美洲。与其如此，还不如像19世纪德国考古学家海因里希·施里曼（Heinrich Schliemann）那样，通过做生意筹集资金，然后可以不受任何人的指使，沉浸在中美洲的考古研究中。出于这种考虑，我进入了商学院。

作为课题研究，我在斯坦福大学学到了如何写商业计划书。只是与其他同学为了学分和成绩所写的计划书不同，我是动了真格的，满脑子想的都是：要搞到考古学的研究资金。我抱着以实际创业为前提所写的商业计划书，旨在创办一家利用我在考古和制作铁路模型时经常用到的光纤材料开发视频系统的公司。当时大型屏幕的主流是使用数千个灯泡的显示器，如果将显示器的灯泡改为光纤，则可以省去频繁更换那些寿命不长的灯泡的时间和成本。

然而，当我按照自己所写的计划书准备了 60 万日元的资本金，并决定自己做老板时，项目就无法再向前推进了，因为公司里没有负责技术的工程师。当时，斯坦福大学毕业生的起薪是年薪 800 万日元左右，资本金只有 60 万日元的公司，哪里支付得起呢？所以我做出了选择：重新考入工学院，自己成为工程师。

从企业家到风险投资家

以现在的眼光来看，那真是一个鲁莽的决定。但 20 多岁的人就像一块海绵，只要有激情，不管什么学问都能持续不断地汲取。我在工学院选择的课题是研究使用光纤的超大型显示器。为了能够自己独立管理制造厂，我还学习了制造技术和管理工学。我还在通用汽车菲蒙市工厂（该工厂后来成为丰田与通用汽车合资的新联合汽车制造公司 NUMMI 的总部工厂）的生产现场参加了实习。

即便在产品开发上取得了一定的成功，但是让产品实现销售从而让事业步入正轨却并非易事。很多人嘴上赞叹新科技"有意思"，但到了决定是否采购时，态度就变了。我虽然跑了几十家公司，但却始终没有拿到一张订单。

公司已被逼到资金耗尽、濒临破产的关头。毫无疑问，这些经历成为我日后成立风险投资公司开展业务时的宝贵财富。

值得庆幸的是，我这家成立于 1981 年的光纤巨型显示器的公司——Zikey Fiber of Display，因为产品被华特迪士尼制作公司选用而走上了成功的道路，后来发展成一家拥有约 50 名员工的成长型企业。在其现金流处于巅峰期的 1983—1984 年，我重组了公司，在日本也开设了分支机构，同时以积蓄的资金为本金，开始了我的风险投资生涯。

为前所未有的商业模式投资

虽然我于 1984 年创办的德夫塔合伙事业集团（Defta Partners）只是一家主要以自有资金为主的小型风险投资公司，但是我终于能从事自斯坦福大学学生时代就日思夜想的工作了。我记得当时真的很开心。

由于没有从外界筹集资金，因此我能够坚持自己的投资哲学。在研究考古时，我认为如果能利用现代科学技术，就可以更快、更准确，并且以更低的成本解读古代，于是针对考古学的技术研发成为我的投资对象。

此外，自从我 1979 年进入斯坦福大学第一次看到阿帕网后，从此对它念念不忘。我意识到，互联网即将到来并会在全球普及，所以对于网络技术领域的创业者也产生了浓厚的兴趣。不止如此，当时在硅谷诞生的新科技浪潮全部新鲜而有趣，为了寻求新技术，我每个月都会去拜会很多创业者。

我的另一个主要的兴趣点，是给创业期的风险投资公司出资。

当时，美国风险投资公司的投资领域跨度很宽。1983 年，我被介绍给尚在创立期的风险投资公司 Accel 合伙公司（Accel Partners）的联合创始人——阿瑟·帕特森（Arthur Patterson）和吉姆·施瓦茨（Jim Swartz），决定对他们准备成立的风险投资公司注资。Accel 合伙公司在草创阶段，只针对软件、半导体和生物技术行业进行投资，我很高兴这些行业与我擅长的投资领域没有重合。阿瑟和吉姆都是来自美国东部的精英阶层，我们一拍即合，每周都会在一起交流新的技术和新的商机。之后的 1990 年，我作为合伙人之一加入这家风险投资公司。

到了 1990 年，迪克森·多尔（Dixon Doll）作为合伙人加入，加强了公司原本薄弱的电信行业，这样 Accel 合伙公司就能名副其实地对所有先进技术领域的创业公司进行投资并扶持其成长。当时的风险投资中，即使大型基金也不过是 20 亿到数十亿美元的小规模。尽管如此，那时的风险投资公司不惧风险，仅因为看好创业者的创意和人品就勇敢地进行出资。

还有一个我感兴趣的投资领域是生物技术。在斯坦福大学商学院学习期间，听说年纪尚轻的银行家罗伯特·斯万森（Robert Swanson）要与 1990 年获得美国国家科学奖章的赫伯特·伯耶（Herbert Boyer）教授（当时就职于加州大学旧金山分校）创办研究基因工程领域的新公司基因泰克（Genentech）。虽然这是我第一次听说遗传工程学（genetic engineering），但我马上就对其产生了兴趣。同时，得知要想了解它必须学习生物化学（biochemistry），也成为让我敲开斯坦福大学医学教授阿瑟·科恩伯格（Arthur Kornberg）博士实验室大门的契机。

阿瑟·科恩伯格博士因对 DNA 生物合成机理的研究而在 1959 年获得了诺贝尔生理学或医学奖。获其直接惠教的宝贵经验，极大地激发了我对生物相关技术的兴趣，并成为我投资 Viagen 生物科技公司（1995 年被 Chiron 公司收购）等优秀企业的契机。

风险投资这东西，从某方面来说，的确算是一种资本主义性质的"赚钱机制"。但它为没有资金但拥有创意与想象力的人提供了创业机会，这一点给我带来了工作的愉悦感。同时，投资的项目会对社会产生巨大的影响，这种生机勃勃的力量对我而言也是巨大的魅力。

上世纪80年代中期，我们试图在日本也建立分部，积极地准备在日本国内进行投资，但没有成功。日本当时正值泡沫经济的巅峰期，许多人都认为，花费10年的时间和大量金钱去寻找一项什么"划时代的技术"，这种商业行为本身就是无稽之谈。那时的日本没有人相信，也没有人理解可以花费时间从零开始培养一家企业，直到它登上世界的竞争舞台。

创立为社会做贡献的企业

投资了Accel合伙公司的我俨然成了专业的风险投资人，但我第一笔投资实际上是以惨败告终。投资对象是一家被很多有实力的风险投资公司关注的高性能可移动硬盘的生产制造商。投资之后的几年，我还没来得及深入了解，那家公司就倒闭了，我投进去的钱也化为乌有。

在我的投资哲学中，明明最重要的是"自己想做什么"的意愿，以及"到底什么最重要"的理念，但当时的我却忘记了这些。眼睛只盯着销售方法论以及财务状况、市场增长率等数据，忠实地按照理论和教科书进行投资，所以导致了失败。从那时起，我明确了"我想创建这样的社会"的理想标准，并将所有的投资和业务都与之相连，凡是与我的抱负背道而驰的公司，我就一概不再投资了。

我进入商界的初衷很简单，就是为坚持考古研究，筹集考古发掘的资金。但随着我参与经营了多家企业后，我强烈地感到，仅仅为了赚钱而赚钱的事业是没有意义的。

许多美国企业家认为只要能赚钱，做什么生意都无所谓。但是我的喜悦来自扶持新技术公司艰难诞生的成就感，而绝非存在于公司股票上市或公司合并所带来的资本收益之中。当艰难的事业获得成功时我所感受到的同伴们的喜悦，当新技术为社会做出贡献时我所感受到的满足，让我发现了风险投资人这份工作的真正意义。

经营企业到底意味着什么？经营者又应该创建什么样的企业呢？在思考这些问题的日子里，我遇到了一些日本企业家。其中对我影响最大的是欧姆龙公司的创始人立石一真先生。

1971 年，立石先生认识了建立残疾人福利院"太阳之家"的中村裕医生，对中村先生的理念产生了共鸣。随后立石先生创立欧姆龙太阳电气株式会社（现为欧姆龙太阳株式会社），建立了日本第一家福利设施与民营企业合作的福利工厂。

在立石先生创建的"京都太阳之家"（1986 年设立）的工厂里，有多位残障人士在工作。立石先生曾对我说："盲人的听力在很多情况下要比健全人好。我们只需准备一个让他们发挥自己能力的工作场所就可以了。"通过这件事我知道了，因受法律约束而不得不雇佣残障人士是消极的想法，只要把人员安排在适当的地方，即使是残障人士也可以成为正式的战斗力。

立石先生还为我播放了记录公司员工工作和生活的录像，其中一位员工回到家后，高兴地把自己的薪水袋供奉在神龛上，那个场景让我难以忘记。

商业的成功与盈利，是直接与社会贡献挂钩的。

这个理念引起了我的共鸣，同时也让我想起了在办公用品生产企业工作的父亲的一段往事。那时父亲负责给公司调配空调系统，但他最先安装的不是公司总部，而是工厂。公司的领导层对不是优先给总部办公楼安装空调而是先给工厂安装表示不理解，但父亲对他们说："因为我觉得公司里最热的毕竟是工人们呀。"

说起这段往事的效果，不仅仅是善待盲人和关心厂里忍受暑热的职工。从结果上看，生产过程中因汗水落在纸上而导致的不良品率降低了，在 20 世纪 50 年代并不少见的因暑热引起的工伤事故也大幅减少。这样一来，生产效率得到提高，也为企业带来了更高的利润。

即使在我的企业中无法完全照葫芦画瓢模仿这些例子，但总有一天，我也想用自己的方式打造能为社会做出重大贡献的企业。

解决发展中国家的贫困问题

日本和美国是富裕的发达国家。当你身处这些国家时，你可能对此毫无感受，但是一旦走出去，你会发现世界中充满着你在日本时根本无法想象的贫困。

我第一次亲身感受到发展中国家的贫困，是在我立志考古的学生时代到访的中美洲诸国。特别是当时身处临近内战爆发边缘的萨尔瓦多，我亲眼看到了生死只隔一线的民众的生活现实。从那时起，我脑海中的一隅一直在思索如何解决发展中国家的贫困问题。

正是基于这个问题意识，读完斯坦福大学商学院第一年的 1980 年夏天，我开始在纽约的联合国总部担任了两年联合国开发计划署（UNDP）所属联合国资本发展基金（UNCDF）的专家顾问（fellow）。我的工作是利用在商学院学到的经济模型，针对欠发达国家（less development cowitry，LDC）或最不发达国家（least developmew cowntry，LLDC）建立一个关联分析模型，以供在决定上述国家基础设施建设的优先顺位时参考。

为了在有限的财政资源中最大效率地分配资金，在众多项目中，我们应该在哪个区域、从什么项目开始着手推进呢？遗憾的是，我设计的针对最不发达国家的横向援助模式，当时在联合国并没有得到很好的运用。其原因首先在于联合国的组织本身就是纵向的，无法进行横向合作。其次，使用援助模型决定的优先顺位，即使在开发计划署的内部得到赞同，一旦离开联合国总部，随着实施机构和援助现场的距离逐渐变远，其指令的力度也会越变越小。

援助计划受到各国政治意向的左右也是家常便饭。当时在我所属的机构中，主管是美国人，副主管是苏联人，在这两个人之间，一有点什么问题就如同冷战的重演。所有决策与其说是为了国际社会，不如说为了各自国家的利益。形势如此，即使设计出再好的援助模型也没有意义了。

当然，不仅是联合国，日本作为一个实现了速度惊人的经济发展的亚洲国家，迄今也向发展中国家提供了大量援助。我慢慢地，却也越来越强烈地感觉到，应该还有更好的方式，应该还有更需要我们去做的事情。使用最新的技术，通过商业来解决发展中国家的贫困问题，这一重大主题在我的思索中逐渐诞生。

为什么援助不起作用

2003 年 12 月，在日内瓦召开的联合国世界信息社会峰会发展中国家工作组上，我担任了共同议长。这次会议的大主题是"富国对穷国的援助，是真正的解决办法吗？"

此类辩论不仅针对政府开发援助（ODA）等国家级别的援助活动，而且也涉及民间捐赠和慈善事业。大众发出的善意，会被淹没在诸如划分援助地盘、争抢援助物资、突击消化预算或相关人士之间的权力之争中，难以送到需要援助的人手上。

乌干达前副总统卡齐布韦指出，联合国的援助方式浪费惊人。她感叹道：

"当你向世界银行贷款时，你必须从世界银行推荐的名单中选择一家咨询公司。好像提供给发展中国家的贷款和援助资金，是为了给那些盘踞在联合国机构中的咨询公司使用而存在的。"

为什么会出现这种情况？

参与国际援助的国际组织的资产管理者中，有些人将为发展中国家建设了多少基础设施、提供了多少金额的援助当作自己的工作成果，并以金额的多少作为竞争的输赢指标。而实际上，援助金额也的确在很多时候被作为衡量绩效的标准。这些资产管理者过几年就会回国，所以他们只注重短期结果，或原本就对援助的效果漠不关心。

发展中国家也有自己的问题。在因政治局势不稳定而政权短命的国家，很多政府高官只是忙于营私肥己。这些年，很多非营利组织（NPO）成立的目的也是为了从外援资金里多弄点儿钱。

不过，我不认为是这些人的意识本身有问题，问题在于产生这种意识的机制。

在孟加拉国开始的新项目

2005年秋天，我在孟加拉国开始了一个新项目。

联合国将人均国民总收入低于992美元（2008—2012年的平均数，每天低于2.7美元）、成人识字率、婴儿死亡率、营养不良人口比例等指标综合在一起，称为"人类资产指数"（human assets index，HAI）。世界上这个指数特别低的49个国家被联合国认定为LLDC，即最不发达国家（2012年）。孟加拉国是亚洲的LLDC代表国。其2005年的人均GDP（国内生产总值）约为440美元，约为日本的1%，即每天仅比100日元多一点儿（数字来源于国际货币基金组织的世界经济展望数据库。2012年的GDP估算为近两倍的818美元左右，可见这段时间的增长幅度极大）。

像孟加拉国这样的国家面临的最大问题是，由于识字率低，人们无法从事高附加值的工作，因此我首先想到的是提高识字率及改善医疗卫生条件。这样一来，他们就会打下基础，自发地提出问题，并自主地解决问题。但我所做的并非单纯建设学校、医院等硬件。考虑到孟加拉国的教育工作者和医生数量极度匮乏、人口数量超过日本、土地面积狭窄等情况，我们着眼于利用最新技术来构建远程教育和远程医疗。为此，首先需要一个能在孟加拉国实现全覆盖的互联网通信网络。

我们最先着手的是与孟加拉国最大的，也是世界最大的非政府组织（NGO）孟加拉国农村改善委员会（BRAC）合资创建了一个全新的独特商业模式。完成这一步之后，我们对 BRAC 成立的互联网接续公司以重组的形式进行了增资，资金由我们 Defta 投资集团承担，成立了无线宽带互联网通信公司"黑网"。这是 2005 年 4 月的事，BRAC 拥有黑网公司 40％的股权，Defta 集团的相关者拥有 60％的股权。

BRAC 是一个致力于发展孟加拉国农村地区生活水平的组织，它的旗下有不同领域的营利性业务（BRAC Enterprises）。除了已经成长为其国内领先品牌的手工艺品店 Aarong 以外，还有种苗、乳制品、鸡肉加工、托儿所以及回收再利用业务。此外，BRAC 还通过对旗下的企业直接投资获得收益。除去拥有业务范围包括了从证券到网银的 BRAC 银行以外，它与我们共同经营的类似"黑网"这样的子公司还有很多（BRAC 投资）（如图 7）。

1973 年成立之初，BRAC 接受了世界银行等机构的援助款项，而如今，其年度预算的 600 亿日元中的六成是靠自家业务赚取的（2012 年）。BRAC 已经成长为一家"能够自立的组织"。我们选择这个组织作为合作伙伴，不仅是因为 BRAC 具有在孟加拉国多年从事教育和医疗事业的经验，还因为它自身的存续并非百分之百地依赖于捐款和援助，而是充满了能否生存下去的危机意识。

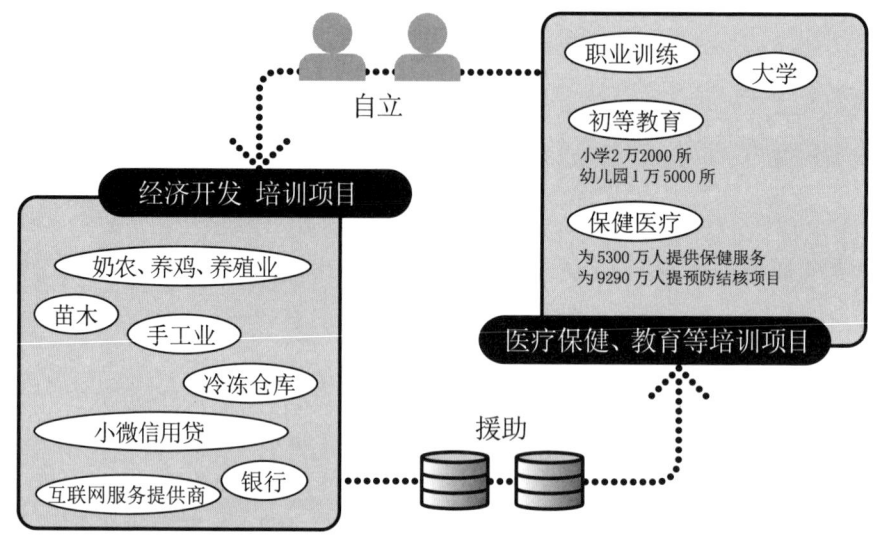

BRAC 作为世界最大的 NGO 组织，开展了各种经营项目，并以其利润援助实施"自立"培训项目，使得"自立循环型"援助模式得以实现

图 7　BRAC 开展的主要业务

从宽带的基础设施建设开始，直到 2008 年收购了固定电话公司，黑网公司已经成长为孟加拉国在这一领域的领先公司之一[*]。

让利润为社会做贡献的制度

现在，给黑网公司出资 40％的合资伙伴是一家名为 BRAC 的非政府组织，这一点意义非常重大。

考虑一下我们都知道的一般股份公司的情况吧。如果税后利润是 1 亿日元，然后把大约八成也就是 8000 万日元作为股东分红进行分配，这时，相当于内部留存收益的金额只有 2000 万日元。

---

[*]　正如下文第 120 页所述，随着 2009 年 KDDI 的入股，BRAC 在该公司的股份变为 20％。

假设有董事主张"应该把利润的一部分用于教育和医疗",而且董事会也对此进行了表决,但能用于社会贡献的最大限度额度,充其量也只有利润的百分之几。如果遵循最近流行的CSR(企业社会责任)标准,那就是1%,也就是区区20万日元。

黑网公司则不然。通过在股东结构中增加了作为NGO非政府组织的BRAC,它作为股东当然要按其投资比例获得利润。但是,由于BRAC是一个非政府组织,没有股东,也不必分红,因此它从黑网公司得到的利润可以全额用于其主要业务,即改善孟加拉国农村地区的教育和医疗保健。

如果与前面提到的一般股份公司相对照,假设股份公司黑网的税后利润有1亿日元,那么40%即4000万日元,将通过BRAC贡献给社会(如图8)。

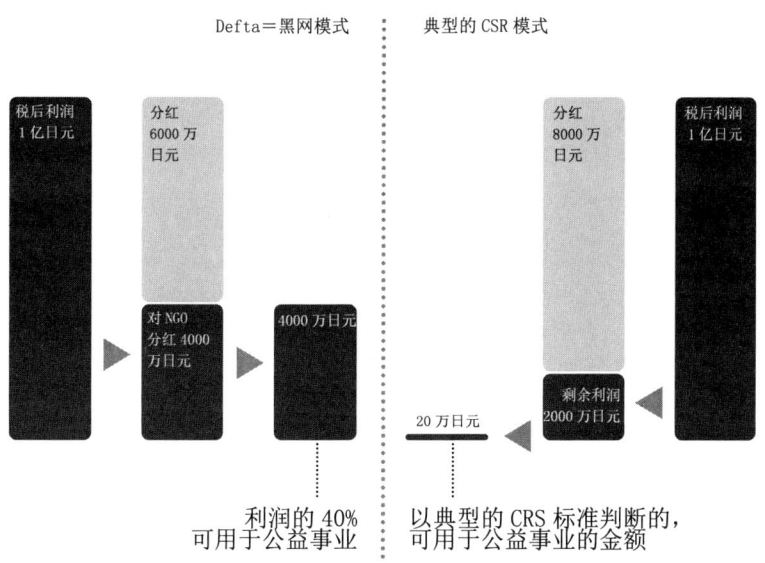

图8　"Defta＝黑网模式"和典型CSR模式对比

营利法人与非营利法人的区别

前面我们已经提到了 BRAC 作为一个 NGO 组织，经营着各种营利性的业务。也许有人会觉得奇怪，因为 NGO 和 NPO 应该是非营利性组织，为什么要去赚钱？但是，在孟加拉国，不仅像 BRAC 这样的大型组织，许多其他的 NGO 也在开展商业活动。例如，致力于提高妇女能力的非政府组织 TMSS（Thengamara 妇女协会）拥有医院和化肥厂，开展各种营利性业务，并借此给女性提供就业机会。

不论股份公司还是 NPO，在英语里都是同一个词"corporation"（法人）。不同之处在于，NPO 在公司中没有相当于股东的存在，无需以分红的形式将利润返还给股东。NPO 的"非营利"仅是指没有人从股东的角度获取利润，并不意味着不可以经营盈利业务并产生利润。BRAC 和 TMSS 都是把赚到的利润全额投资于该组织成立的最初目的上。

即使在今天的日本，NPO 依然被很多人看成"公益志愿者"。但是我认为，今后的日本将会需要那些为特定目的从事营利性事业的、新形式的公益性法人。

如果基金会和社团进行经营性业务，在其利润不进行分红，而理事会成员又不接受报酬的情况下，在税务上给予其特殊待遇是至关重要的。这将促进不依赖捐赠的自立的公益法人的出现。同时，我们需要思考设计一种以追求公共利益为目的、新形式的股份制公司。今后，应该遵循法人的最初使命，促进其形式更加多元化。

新技术可以显著提高投资回报率

黑网公司的另一大特点是，用最新技术大大降低了所需的社会成本。

　　远程医疗需要在大城市与农村的患者之间建立双向通信，其清晰程度需要高到能够如实反映患者的脸色。在教育网络的建设上，需要通过视频清晰地辨认黑板上的文字，并可以实时提问和回答。要实现这一目标，如果采取包括日本等发达国家正在建设实施的光纤网络模式，无疑是要耗费大量资金的。如果在孟加拉国全境铺设光纤网络的话，预计随随便便就要耗资 1000 亿日元（2005 年时预计）。这个金额，即使一点儿都不心疼地把 ODA 的援助资金全部投进去也无济于事。

　　此时发挥重大作用的就是以 XVD 为首的后计算机时代的新技术。使用 XVD 技术，可以把分辨率为 1920×1080 的全高清视频的传输速度，实时压缩到低于 1 Mb/s。因此，在此之前没有光纤之类的宽带线路就无法收发的高质量图像，现在仅通过孟加拉国现有的普通电话线或新建立的简易无线广域通信网就可以收发了。不用说，在基础设施方面的投资将大大降低，根据我们的测算，大约是光纤的 1/10。（2007 年只有 XVD 上才能实现的高质量即时视频技术，现在因各种技术的出现，而人人得以简捷使用。）

　　在无线宽带方面，自 2005 年我们引进了 WiMAX（全球微波接入互操作性）通信技术。该技术后来于 2009 年在日本也投入了应用，其以最快 75Mb/s 的速度将数据传输到 50 公里以外，以孟加拉国首都达卡的面积，有 5 个基站就可以全面覆盖。

　　虽然是世界上最贫穷的国家，但是达卡终归是拥有约 1500 万人口的大城市，所以日本和欧美的企业都有进驻。因为基础设施条件恶劣，所以很多人为上网的事发愁。当黑网公司开始使用 WiMAX 等最新技术提供服务后，销售额从 2005 年到 2008 年，每年都在翻番。虽然仍需基础建设投资，但黑网公司所产生的利润通过 BRAC，对消除孟加拉国农村地区的贫困发挥了重要作用。

建设达卡等城市地区通信基础设施是在黑网公司业务的初始阶段完成的，目前它的业务范围已经扩展到普及农村地区互联网的"新阶段"。它们的网络已遍及孟加拉国全国的 64 个县，甚至远离城市的农村地区也开始可以接入互联网了。

从"发达国家"到"发展中国家"的构架即将解体

不论在任何国家，想要促进工业、文化和教育的发展，最重要的基础设施都是交通和通信。可以说，二者是国家的"神经网"和"血管网"。进入 21 世纪，在这两者之中，电信基础设施的建设将变得更为关键。

但在不发达地区，完全没有必要因循旧规，先建一个昂贵的老式电话网，然后再建光纤之类的。我们只要把最先进的、性价比最好的、连发达国家都还没有用过的技术直接用起来就好了。

比如刚才提到的 WiMAX 技术，它就完全没有必要依赖老式的电话线和光纤通信网，技术的"跳级"使它省略了那些发展步骤。

引进无线技术实际上还有另一大优势。含有不少稀有金属材料的固定电话线被盗的风险很高，如果想要将通信基础设施扩展到非洲贫困国家的每个角落，这一点是最大的障碍之一。再多说一句，与铁路、采矿和能源行业相比，电话网和无线电波的使用权一般是由国家直接管理的，虽然国家领导人的反应因人而异，但当我们真心诚意地提出帮助国家建设时，有些时候的进展速度之快真的让人惊讶。还有一点值得关注的是，这些国家基本没有在通信领域的既得利益者，因此阻碍我们利用新技术提供新服务的情况也很少见。

如前所述，日本推出 WiMAX 服务是在 2009 年，但孟加拉国却始于2005 年。作为一个基础设施不完善的发展中国家，孟加拉国比日本更早地引进最新的技术，而且将其作为商业模式固定下来。有读者可能会不理解为什么能做到这一点。事实上，与发达国家相比，在发展中国家引入下一代通信技术的可能性更大。

迄今的产业发展模式，通常是发展中国家在发达国家走过的老路上进行追赶，从农业到工业，从轻工业到重工业，然后再从有形的制造业，即"实物型工业产品"转换到无形的、高附加值的制造业，即"知识型工业产品"（软件等）——这两个名称是我在斯坦福大学商学院读书时（1979—1981 年）想到的。但是到了 21 世纪，这种发展中国家追赶发达国家的模式将迎来巨大的变化（如图 9）。

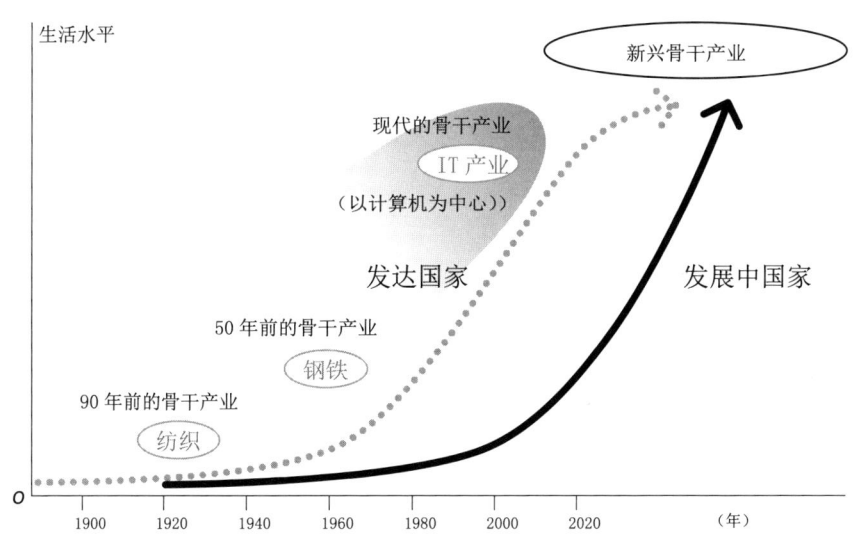

因成功引入下一代技术，使得发展中国家可以不遵循发达国家从纺织产业到钢铁产业，再升级为 IT 产业的先例，而拥有直接飞跃进入新兴基础产业的可能性

图 9　发达国家和发展中国家的产业发展路径

如果在通信基础设施上，发展中国家与发达国家能够并肩而立，这将极大地打破传统的结构——发达国家总是先从一项新技术中获益，并在相当长的一段时间后以"援助"的形式将该技术传给发展中国家。我们将迎

来一个新时代，包括发展中国家在内的众多国家，几乎可以在同一时刻共享新技术带来的福祉。

如果以产业发展阶段而论，当今的许多发展中国家仍处于进入纺织产业之前的水平。然而，这不代表这些国家必须遵循以发达国家为中心的世界产业升级顺序，即先将产业水平提升到很早以前就已经成熟的钢铁、汽车业产业，之后再向以计算机为中心的 IT 产业发展。后计算机时代的技术，是有可能使这些国家一跃而成为新产业的承载者的。

过去，我在中美洲做考古研究时，多次被创造了玛雅文明的印第安人的聪明才智所折服。后来由于西班牙的基督徒对印第安人实施殖民政策，并禁止他们接受教育，其结果就是使他们变得贫穷。我觉得，如果让他们接受再教育，学习新的软件开发和程序语言，墨西哥、危地马拉等国家将有可能成为全美洲最好的高科技国家。

继黑网公司之后的日本企业

在孟加拉国这个最不发达国家，通过与非政府组织合作以及利用最新的技术，有效地将 40％ 的利润（下文第 120 页及后述中 BRAC 出资率降为 20％，但基本机制不变）用于社会贡献的方法，被称为 "Defta＝黑网模式"，被刊载在世界银行的机关刊物 *Development Outreach*（2008 年 6 月号）上，引起了世界的关注。

黑网公司的成功，吸引了许多拥有出色的技术和服务的日本企业的关注，当然，吸引他们的最重要的是 "用新一代技术改变世界" 的基本理念。我本人也想鼓舞拥有这个共同理想的企业伙伴，希望能够尽可能多地实现 "发自日本的、通过民营项目对发展中国家进行援助" 的目标。

一个很好的例子，就是三菱化学开发中的有机薄膜太阳能电池板。塑料板般轻薄的电池板具有柔韧性，是连很多日本人都从未见过的全新技术。使用这种太阳能电池板，即使在一早一晚太阳光照强度很低的情况下，发电量也不会受到很大影响。因其发电量不受太阳照射角度的影响，所以不一定要在屋顶上安装，而是可以贴在建筑物的整个墙面上。此外这种电池的特点是，即使在高温环境下，其发电量也不会降低。太阳能电池板的量产技术自 2014 年开始稳定，因有望大幅度降低制造成本，所以被期望广泛应用于最不发达国家。

自 2012 年以来，在孟加拉国已经开始了针对无电村庄的需求业务可行性调查。在电力严重短缺的孟加拉国，太阳能电池板正在迅速普及，但因其既厚又重，至今只有男性才能安装。而现在，这些有机薄膜太阳能电池板非常轻，即使女性也能安装，因此有望创造新的就业机会。

以前，我们能把可移动式灌溉泵带到没有电源的地方，但是没有能力把太阳能发电装置搬过去。现在，有了这种轻巧的太阳能电池板后，保障电力变得更容易了，可以与灌溉泵配套购买，使得用低成本保障用水成为可能。与此同时，也会出现其他各种需求和可能性——比如使用孵化器增加鸭子等家禽的饲养量，提高农村的收入，等等。

日清食品也在孟加拉国开启了一个项目，利用最先进的食品加工技术，开发、生产和销售有助婴幼儿健康成长的营养食品。这个项目以贫困阶层为对象开展业务，会对改善婴幼儿营养不良这一社会问题做出重大贡献。通过既便宜又美味畅销的产品，可以逐步实现提高婴幼儿和母体健康水平的远大目标。

在孟加拉国，大约相当于全国人口 30％的 4200 万人，面临营养不良的问题，其中约 750 万人是 5 岁以下的儿童。与许多国际组织试图通过所谓的援助寻求解决方案相对应，日清公司的项目将作为一个营利业务持续下去，这是一种完全不同的尝试。

除了提供产品外，该项目还开展营养学的启蒙教育，并通过与当地的非政府组织合作分发产品，为农村妇女创造就业机会。这与迄今为止的商业行为完全不同。

定位为商业而不是援助，以提高可持续性

让我们回到如何解决发展中国家贫困这个问题上。现在对我们来说重要的是思考一下："通常所用的方式是否能够从根本上解决问题？"我们不能沿袭过去简单的解决方法，而是要回到出发点，用自己的头脑去思考。

援助发展中国家的方式不止一种。第一种方式是发达国家政府提供资金和技术支持的政府发展援助（ODA）方式，第二种是人们的善意捐赠。然而，还有第三种方式，即通过本业获得经济利益，并使用其中的部分收益从事可持续援助的方法。

以往的援助和捐赠之所以艰难，是因为它们通常不会持续太久，人们的善意很难持续10年、20年。然而，更成问题的是，当这种捐赠和援助变得"经常化"后所产生的后果。这种方式会逐渐减弱当地人"自力更生"的愿望，使其对援助的依赖性更强。还有一个问题就是"捐赠"会变成一门"生意"。在发展中国家的非政府组织中，有一些组织和个人利用人们的捐赠谋取私利，但这些人的真面目又让人难以辨别。捐赠和援助的原本目的是让对象国减少对捐赠的依赖，但援助的魔力往往会产生相反的效果，反而让社会停滞不前。

在发展中国家开展业务时，因为我们是从发达国家来的机构或公司，所以当地会出现以各种名义向我们索要金钱的人。但我们不应该忘记，让当地人养成这些习惯的正是联合国机构和世界银行的人，他们为了证明自

己的业绩，只考虑自己的立场，到处胡乱撒钱。

Alliance Forum 基金会于 2010 年在非洲某国设立远程教育系统时，虽然该国教育部和其他相关部门的官员都希望得到这套系统，但是他们每次参加筹备会议，都会申请交通补贴和劳务费，而且每次支付的交通补助都贵得不像话，但这好像已经成为他们的惯例。结果一调查才发现，这是有些国际机构为了让当地人参加研讨会而开始的流弊，会议参加者越多好像工作就越出色，所以国际机构的人会以各种名目给当地人发钱。

在推动一个项目时，每一个相关者都有自己的目的，这些因人而异的目的与总体目标之间的协调是一个大问题。我们在孟加拉国做项目时找出的答案是建立一个总体目标的框架，让相关各方的目的在框架内得以实现，以求根本性地解决问题。这可能类似于企业管理：与其苦口婆心地训诫偷懒的员工，不如完善制度让愿意努力的员工觉得更有奔头。如果能建成一个自负盈亏的经营项目，援助者与被援助者就能拥有共同的目标，而不再有只负责承担义务的当事者。

这样一来，迄今被认为只有通过慈善和援助才能实现的"援助发展中国家"，可以在相当大的程度上定位为"经济上的自给自足"。于是，原本用于援助的资金得以回收，并投资给新的援助对象，从而提高了援助事业的可持续性。我相信，只有坚持这种想法才能从真正意义上援助发展中国家，并最终从世界上消除贫困。

因贡献社会而收益，因收益而再次贡献

也许有读者会问，既然同样是花费时间与金钱，那么为什么不选择投资西方的发达国家，而是选择投资像孟加拉国这样的发展中国家呢？选择前者可能要多赚几千倍的利润啊。特别是为了普及像 XVD 这样的最新技

术，不是应该首先选定市场巨大的美国吗？

的确，如果从"企业仅为股东之所有"这个角度来考虑，当然会产生这样的疑问。事实上，在我们的风险投资公司的股东中，也有人提出了这样的问题。从美国商学院毕业的人一定会说："在孟加拉国推广最新技术有什么好处？那只会降低 ROE（净资产收益率），引发股价下跌。"

这些商学院的毕业生们可谓错得离谱，他们不明白人为什么做生意，也不明白人为什么赚钱。而且，如果眼光够长远，那么即便是从商业成功的角度来分析，也最终会证明这个想法是错误的。

比如在已在孟加拉国首都达卡取得巨大成功的黑网公司的会议上，大家经常讨论的一个议题就是将网络扩展到农村地区的投入产出比。对农村的投入在短期内无法实现收益，但一旦在农村地区掌握压倒性的市场占有率，那么随着市场的成长，就会比竞争对手拥有更大的优势。那些只看短期效益，仅集中投资城市地区的竞争对手，终将意识到自己犯的大错。

企业存在的价值，其原始的第一目的是通过经营为社会做出贡献，附带产生的结果是股东受益。因为对社会创造了贡献所以有收益，因为有了收益所以还能再次做出贡献，这种循环才是正确的企业经营之道。这种行为实施的主角不是股东，而是员工，是周边的客户——我们绝不该忘记这个基本原则。

发展中国家才是日本应该发挥作用的地方

对潜力巨大的孟加拉国电信事业，除了西方国家，阿拉伯国家和印度也很感兴趣。欧洲的几家电话公司曾与黑网公司接触，提出进行资本上或业务上的合作，但我们最终于 2009 年选择了日本的 KDDI 作为合作伙伴。之所以选择日本企业，是因为我相信：与专注短期内实现股东价值最大化的欧洲国家、阿拉伯国家、印度等国的企业相比，日本企业对于追求利润与为发展中国家做贡献两者兼顾的理念有着更深的理解。我希望将来会有越来越多的日本企业不断参与到发展中国家的事业中来，以不同的形式，遵照当地的文化规范及市场需求发挥自己的实力。

我认为，已经进入成熟社会的日本企业和商人应该以这些发展中国家为舞台发挥自己实力。只盯着日渐萎缩的日本市场，拘泥于传统的生意模式，企业很快就会走进死胡同。不仅如此，像西方国家一直以来"以力量和金钱开拓市场"的做法，在 21 世纪也是行不通的。

现在有媒体经常报道，中国凭借着经济实力，开始与非洲国家建立起密切的关系，并积极推进当地的资源开发。很多人认为那是日本无法效仿也没有胜算的。然而，我的看法却截然不同。

现在，许多跨国企业都在争相进入亚洲和非洲的发展中国家，并试图在各个领域扩大其市场份额。通过进入发展中国家，有很多地方都运作得像殖民时代的延伸一样。即使没有那么严重，也还是有很多跨国企业只是把发展中国家视为廉价的劳动力市场或新的消费市场，最终只想着提高总部的 ROE，提高股票市值而已。如后面第五章详述的 BOP（base of the pyramid，泛指收入最底层人群）商务项目，也大致如此。

我认为，日本企业与其在这个条件下参与竞争，不如选择其他途径。这是一种前所未有的海外发展方式——抱着为当地社会做贡献的主要目的来开展业务。

以往，IT 行业的"开放体系战略"刚开始登场，将自己研发产品的设计架构对外公开时，谁都认为这种方式不可能获利，但现实却截然相反。同样，现在也许有不少企业的经营者依然认为：社会贡献只不过是业务的"装饰"，或者是"提高公司形象的费用"，超出必要的贡献只会降低公司的股价。但是，企业的国际化发展如果不与社会贡献相结合则难以推进，以至最终无法追求"规模的效益"。我认为，这个观点在不久的将来会变成常识。

截至今天，日本拥有在各个领域培育的尖端技术，不仅有能力建设节能、环保型的城市，还拥有建设发电站、公路、机场和铁路等基础设施的综合能力。我们应该利用这些能力，进一步推动和发展"DEFTA＝黑网模式"，让日本企业在有利于对象国公共利益的架构中发挥作用。

商业模式的扶贫性小额信贷

很多人可能对 1983 年成立于孟加拉国的格莱珉银行（Grameen）并不陌生，这家以"穷人银行"著称的机构，2006 年与其创始人穆罕默德·尤努斯（Muhammad Yunus）一起被授予诺贝尔和平奖。Grameen 银行虽然提供的是无抵押贷款，但通过利息获取利润的业务是其主要特点（不过，由于是在伊斯兰国家，因而它收取相当于利息的手续费）。

贷款的实际年利率接近 20％，但该银行依然能实现高达 98％的还款率，这得益于从 2、3 人到 20 人不等的大大小小的"互助小组"的存在。这样不仅可以让小组承担起还款的责任，还可以彼此检查所需资金的合理性以及经营业务的盈利能力。

当地小额金融的发展经过了反复的试错和摸索，终于在 1974 年由一个名为 BRAC 的非政府组织发起了这个被称为小额信贷（microcredit）的方式。

比如，明明用 5 日元的材料做的竹艺品能以 100 日元卖给游客，但买不起材料的话就无法开始自己的小生意，以至于到头来做着同样的工作，却只能挣到一点儿劳务费。

考虑到孟加拉国的小时工资水准，假设每小时工薪是 10 日元，那么每天工作 10 小时可赚 100 日元。如果通过小额信贷获得购买材料所需的少量资金，卖出 1 个，就可以赚取 95 日元的利润（假设零售价为 100 日元，材料成本为 5 日元）；如果卖出 2 个，就能获得 190 日元的利润；如果卖出 10 个，就能获得 950 日元的利润。这样一来，人们就会越来越有干劲，就会更加努力工作，从而实现脱贫。培养小企业主，就是解决贫困问题的巨大推动力。

这种小额、无抵押的贷款制度是小额信贷的基础，在孟加拉国普及之前，它并非主流制度。按照美国商学院的逻辑，无论借款人还是贷款人都没有这样的需求，即使有，由于每一笔的金额过低，会导致回收成本增加，因此也不应该选择这样的项目。其结果是产生了高息的消费者信贷，但这与 BRAC 或 Grameen 银行的小额信贷模式似是而非。

为援助农村地区而发展起来的小额信贷，近来也已扩展到城市。但在城市，"互助小组"方式比较困难，主要是通过所谓的"信用评价"向个人提供贷款。除了个人业务之外，他们也开始了针对"微型项目"和"小型项目"向企业发放借贷。

最近常见到"小微金融（microfinance）"一词，被作为小额贷款、小额存款（microdeposit）、小额转账（microremittance）等小规模金融服务的总称。除了前面已经介绍过的小额无抵押贷款外，还出现了小额存款、转账甚至保险等服务。其中著名的是肯尼亚一家名为 Safaricom 的公司推出的移动钱包（M-PESA）服务。这项手机银行服务可以帮助没有银行账户的用户利用短信进行转账等金融交易。自 2007 年推出该项服务后，在几年时间里，用户人数就超过了 1000 万，并带动了在非洲其他国家推广类似业务。

为了至今无法开设银行账户的人

虽然同样被称作"小微金融"，但是在亚洲和非洲大陆迅速普及的小额信贷服务中有不少是单纯以提高利润为经营目的的、股东资本主义性质的公司。比如说乔治·索罗斯的信托基金也参与出资的、印度规模最大的小额信贷公司 SKS。这家公司在 2010 年进行了首次公开募股（IPO），因此小额信贷也开始作为一种"高利润的金融业"受到瞩目。但与此同时，印度因苦于小额信贷的借债而自杀的事件不断增加，成为一个社会问题。虽然同样冠以小额信贷的名义，但是有些公司的利息超过法律限制，它们的贷款只是让穷人成为其牺牲品。

针对小额信贷追求"连带责任"和以妇女为贷款对象的金融结构，社会上出现了一些指责的声音。但我认为小额信贷是可以大幅度改善贫困阶层人民生活的伟大发明。与为减轻借款人负担而收取零利率，却基本没有产生社会效果的同类援助项目相比，小额信贷虽然始终以营利为目的，但最终获得商业成功这一事实包含的意义极其重要。对于像 BRAC 这样的非政府组织来说，其优点在于实施小额信贷不仅可以改善贫困阶层的生活，而且同时能将所得利润用于开展其他援助活动。

我认为"理想的小微金融"应该具备如下条件：贷款对象一定要限定在"有劳动意愿与能力的人"。连简单的合同内容都看不懂的文盲，应该被限制在贷款对象之外。而且，最重要的是要打通获得融资的渠道、获得职业培训的渠道以及通往市场的渠道。也就是说，那些作为小额信贷机构的运营者，不能像其他非政府组织和政府机构一样止步于向穷人提供资金，而是应该在援助对象的创业领域帮助他们进行职业培训，然后建立起农产品、乳制品和手工业产品进入市场的流通渠道，以此来促进人们自力更生，这应该才是小额信贷真正的意义。

如果是在发达国家，人们受过教育之后下一步需要的是作为工作场所的企业或工厂，但在产业不完备的最不发达国家中，个体户经营才是最快的劳动赚钱之路。这就是在提供教育和医疗保健之后开展小额信贷的重要意义之所在。

此外，小额信贷的意义不仅仅是借钱给穷人以促进其创业或自立。在发达国家的金融机构为追求高效而争先恐后地推出债务证券化和复杂的金融衍生品从而导致全球经济扭曲的当今，我们需要的是像小额信贷那样"面对面的金融"。与生活在现实中的借款方见面，对其还款能力和决心加以确认后再进行贷款，这正是资本主义的原点啊。

最重要的一点是，银行账户对于我们来说是理所当然的生活必需品，但是对世界上的大多数人来说却是无法拥有的奢侈品。考虑到这种现实，这种"面对面的金融"的重要性就更加突出。并非所有人都需要从小额信贷借钱，但是，让更多的人拥有自己的银行账户，能够安全并自由地从事经济活动，他们的生活质量将会大大提高。

培养更多的小额信贷专家

在培养了许多小额信贷专家的孟加拉国，大约有 70 个组织已经在运营小额信贷业务，有 2400 万人在使用这一制度成果。尽管如此，债务人人数占贫困人数的渗透率仍止步于 35％。即使在印度、越南和印度尼西亚这样的国家，获得这些金融服务的机会仍然有限。面对小额信贷全球规模的需求，当今的现状是缺乏能参与运作的专业人才。

我想到能否把这种小额贷款项目交给比如参加过海外青年合作志愿队这样的胸怀大志的日本年轻人来推广。如果他们能利用自己在所去过的国家获得的宝贵经验，在世界各地拓展业务，那将是非常有意义的。

为此，Alliance Forum 基金会在 2009 年与 BRAC 大学（BRAC 于 2001 年创办的大学）共同设立了 Alliance Forum Graduate 课程——旨在培养小额信贷专家的为期两周的短期培训课程。仅靠学习理论是不足以完成小额信贷业务的。在聚集了从世界顶级企业到草根组织的"小额信贷之乡"孟加拉国，我们培训的要求是学员通过巡访现场以接触实际业务，既能学到知识，又积累了经验。

BRAC 已在阿富汗（因治安恶化而于 2013 年撤离）、斯里兰卡、巴基斯坦、坦桑尼亚、乌干达、利比里亚和塞拉利昂等国开始了小额信贷试点。实施小额信贷，重要的是要遵循不同地区和社群的生活方式及法律制度，适当调整运作模式。小额信贷是与当地人合作、创造可扎根于地方文化的金融服务并提供持续性支持的长期项目，我认为日本年轻人应该参加这些培训课程并在其中发挥重要作用。

迄今为止，已有 150 多人毕业于该课程，其中大多是日本人，他们已经被诸如赞比亚、博茨瓦纳、肯尼亚、马拉维、乌干达等国的中央银行和政府援助机构接纳为优秀的年轻干部。我希望能够培养更多的年轻人，让他们成为在全世界拓展"面对面的金融"的原动力。

小额信贷已经成为支撑全球约 40 亿人 BOP 底层群体生活的必不可少的存在。因此，对希望开拓这个市场的企业来说，这也是一个不可忽视的重要领域。事实上，企业利用小额信贷所形成的网络发展产品和服务的实例越来越多。为此，很多想在发展中国家扩展业务的日本企业也派人参加了我们 Alliance Forum 基金会的培训课程。我们希望通过他们的活跃，让发展中国家的贫困阶层尽可能多地上升为中间阶层，这就是我们最重要的目标。

如何面对饥饿和营养不良问题

如上所述，将以往只能依赖于慈善或援助的项目变成商业运营的设想非常重要。同时，我们也明白，以往那种需要立即施以援手的紧迫问题也会依然存在。

例如在发生冲突或灾难时的难民援助等。在生命安全受到威胁的情况下，施以"纯粹的援助"是必不可少的。在半数的最不发达国家中，比如阿富汗和苏丹等 20 多个国家，现在仍处于冲突之中，而且没有如孟加拉国的 BRAC 这样的成熟的非政府组织存在。

试图在这样的地方经营"Defta＝黑网模式"之类的业务，很可能会失败。此外，像饮用水供应等关系到人们生存的援助项目，也不能定位为营利性的业务。

如果人都饿死了，又谈何接受教育和医疗呢？据《柳叶刀》杂志的报道，全球每年 5 岁以下儿童死亡总数的 45％，也就是 310 万儿童的死因是营养不良。

为了解决这些饥饿和营养不良问题，至今以联合国世界粮食计划署（WFP）、粮农组织（FAO）、联合国儿童基金会（UNICEF）为首的各类世界组织，已经提供了主要以小麦、大米和玉米为主的粮食援助。但是，虽然通过这些谷物可以摄取碳水化合物，但以蛋白质为主的其他营养成分仍然不够，还是无法彻底改善营养不良的情况。

针对这种情况，我开始注意螺旋藻这种长约 300～500 微米的细小藻类（如图 10）。食用螺旋藻的习惯源于非洲，在非洲大陆中部的乍得湖附近，螺旋藻被做成食品。螺旋藻自约 30 亿年前诞生以来，以其足以自豪的生命力经历了无数次环境变化。它不仅拥有远高于牛肉的蛋白质含量

（牛肉的蛋白质含量占比为 19％，而螺旋藻为 65％～70％），还是富含高矿物质和高维生素的食物。

10　螺旋藻的显微镜照片（图片由 **DIC Lifetech** 株式会社提供）

从 1 千克的牛肉中可获得的蛋白质为 197 克，而这个数字螺旋藻是其 3 倍多，约为 650 克。并且螺旋藻的产出比也很高，与牛肉相比，生产 1 千克蛋白质螺旋藻所需的水仅为畜牧业的 1/50，对土地面积的需求更是低到畜牧业的 1/320，它同时还有可在短时间内（约两周）收获的强大优势（如图 11）。

利用非洲原产的这种优质的蛋白质资源，可以有效地改善饥饿地区的营养不良问题，同时消除各种因营养不良而引发的疾病。

联合国旗帜下的民间援助

"螺旋藻项目"的主旨是：进行食用藻在恶劣条件下仍可生长的研究并建设藻类的培养设施，以改善最不发达国家人民的营养状况。但是我认为，如果这个项目也像过去那样仅仅是提供援助，实在没有太大的意义。

当然，好事不论由谁来做都是好事。但是，我并不觉得只要给联合国

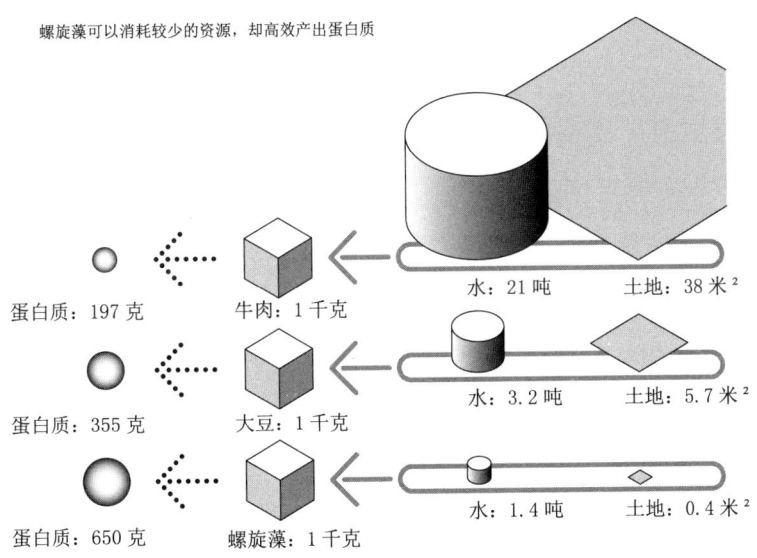

图 11　螺旋藻与牛肉、大豆的比较

儿童基金会（UNICEF）捐款就算是做出了国际贡献，我更执着于"面对面的援助形式"。同时，我想尽可能地从民间企业的角度来推进这个项目，因为民间企业具有"杜绝浪费、勤俭持家"的意识和方法。

不可否认的是，与那些从第二次世界大战结束后就开始在发展中国家不断开展援助而赢得信誉的联合国机构相比，目前非营利组织的确是良莠混杂。尽管我在前文指出，联合国提供的援助中有时浪费严重且无法发挥援助应有的作用，但这并不意味着联合国提供援助的意义已经消失。无论民间的个人或公司多么热心于援助发展中国家，只有像联合国这样的国际组织才能做到的事情依然很多。

举一个较明显的例子吧，是否"在联合国旗帜下活动"，对于能否保证援助方人员的安全方面，有很大的不同。

于是我想到了"在联合国旗帜下实施的民间对发展中国家援助"的新机制。联合国已经有了吸收民间活力的机制，但在实际运作中并非一帆风顺。我觉得螺旋藻项目是一个可以由日本实施的"联合国与民间合作"的难得机会。

基于使用和普及螺旋藻能有效地消除营养不良的想法，根据 2003 年 3 月 5 日的决议，联合国经济及社会理事会下成立了联合国政府间机构组织（IGO）微藻类螺旋藻抗击营养不良政府间机构（Intergovernmental Institution for the use of Microalgae Spirulina against Malnutrition，IIMSAM）。

我于 2007 年 1 月接受了这个联合国政府间组织特命全权大使的任命，与 Alliance Forum 基金会携手，独自创建了螺旋藻项目。该项目是由 Alliance Forum 基金会援助发展中国家事业部自主选定援助对象国，并由日本独自实施的项目。这个项目定位于解决联合国千年发展目标中的第一项"根除极端贫困和饥饿"和第四项"降低婴儿死亡率"。

我们从贫困国家人民能学到很多

那么，这个项目要如何具体实施呢？Alliance Forum 基金会援助发展中国家事业部计划在众多的日本年轻人，特别是护理专业学生和大学生中募集并组成 10 人左右的团队，派往援助对象国。在地方政府和非政府组织的帮助下，让团队将螺旋藻直接送到需要食物的社区，并提供派餐的帮助。他们的差旅费等通过招募赞助企业支付。

毫无疑问，对于要参加志愿服务的年轻人来说，这将是一次非常有意义的体验。我在中美洲研究考古时的经历，绝非仅仅亲身体验了一个贫困国的状况而已。本来要去帮助贫困国家，反被那个国家的人民帮到的经历也并不少见。当看到贫苦的人们去帮助比自己境况更差的人，可以说在某种意义上重新接受了教育。

对于企业而言，参与该项目的意义要远远超过简单的"物质援助"或

"资金援助"。它不仅是直接参与拯救饥饿和营养不良的国际行动，同时也是一个教育项目，可以成就个人参与者为国际社会做贡献的抱负，还培养了具有全球视野和对多样化价值观有所理解的人才。

以参加 2008 年 5 月的第四次非洲发展会议（TICAD Ⅳ）为契机，我们具体研究了在南部非洲发展共同体（SADC）成员国的哪些地区开展 Alliance Forum 基金会的哪个项目（改善营养项目和教育项目以及利用小额信贷的自立化项目——关于教育项目的更多信息，请参阅下文第 136 页），并将候选范围名单缩小到赞比亚、博茨瓦纳和莫桑比克三个国家。2009 年夏天，由约 10 名日本青年组成的代表团访问了这三个国家，经讨论，他们决定把基地设在赞比亚。

之后，我们在赞比亚与当地的非政府组织合作开展了各种活动，除了分发螺旋藻以外，还组织婴儿体检、开办幼儿食谱讲习班等活动以提高螺旋藻的功效。

重新定义 ODA

我在前文已指出，为满足衣食住行中"食"这一最基本的需求，政府开发援助（ODA）应该提高效率、减少浪费，在距离最近的地方将资金和物资分配给最需要的人。这种援助当然是应该坚持的。

虽说如此，我认为现在是时候重新定义 ODA 了。我们应该在医疗保健、教育等领域，摸索类似"Defta＝黑网模式"的新的投资方式，以低成本获得较高的投资回报率，并能持续经营的方法。

前述的螺旋藻项目，启动于"援助"与"志愿者"的架构之中，其活动具有很好的社会效益，对志愿者而言也是有益的，但仅停留于此是不够的。一个援助项目，哪怕只获得不多的盈利，就可以大大提高其可持续发展的可能性。

我设想的"商业化计划"内容如下：首先，要向非洲人民宣传螺旋藻是农业中的"战略作物"；其次，选择特定的有条件地区，教授农民如何种植螺旋藻；再次，让农民自己经营螺旋藻企业，靠自己的力量解决各种问题，建立养殖螺旋藻池塘的钱和购买螺旋藻种子的钱用小额信贷解决；最后，联合国世界粮食计划署（WFP）收购螺旋藻，并开创和扶持将螺旋藻制作成饼干、面条等食品的加工业。通过上述操作，农民将获得赚取现金收入的途径。

当然，在创建最初的"参考模型"阶段，仍然需要依靠以往的 ODA。但是，在单独的小社区把栽培螺旋藻作为商业项目运作时，我认为最好是利用类似于小额信贷等机制，这样可以促进人们自力更生，一定会产生积极的效果。

让这种架构正常运作将需要很长时间。但是，如果项目逐一成功并以此积累经验，日本目前 ODA 预算的一半左右应该能够以民间资金取而代之。当然，创造 21 世纪的伟大未来要靠发展中国家，理想的状态还是增加 ODA 和民间资金的总额。

因此，重要的还是通过改变税收制度，积极引导个人和企业的资金进入援助领域。比如，与其缴纳用途不明的税金，不如直接参与到发展中国家的事业中去——有此种想法的应该大有人在吧。

有一个办法就是针对民间，特别是个人对这类援助项目的捐赠进行税收减免。这与当前实施的捐赠扣除制度完全不同。当前的政策是：收入为 1000 万日元的人捐赠 100 万日元后，其应缴纳所得税的收入总额降为 900 万日元。而我提议的"税收减免"方法是：捐赠的 100 万日元从应缴纳税额中扣除，也就是说，原来按照收入 1000 万日元而应缴纳的税款 300 万日元，因捐赠减免为 200 万日元。这样，个人即可以选择此金额是用来纳税还是用来捐赠。这样一来，应该可以建立一个数百亿日元规模的"新 ODA 基金"。

新 ODA 基金是为发展中国家准备的"永不减少的基金"

这个新 ODA 基金的投资对象应该是像"Defta＝黑网模式"那样，能够将大部分利润用于发展中国家的公益事业，也就是教育和医疗卫生事业的公司。像黑网公司这样将最新的技术应用到发展中国家的电信基础设施上的企业，是用成熟的技术（proven technology）在有潜力的国家开发市场，虽然不能期望得到巨大的回报，但风险也相对较小。

当然，这里面也有诸如企业发展时机不成熟、政局动荡等风险，但在一个成长的市场中，从长远来看，回报有望保持稳定，而且其利润的很大一部分将用于投入该地区最需要的教育和医疗等领域。

新 ODA 基金是"有增无减的基金"，它一旦成立，就可以连续不断地援助不同国家的新业务发展，可以算是永久性的基金，因为这是一种投资模式，所以可设计为将增加的金额作为回报返还给投资者的机制。无论如何，对新 ODA 基金而言，重要的是依靠民间资金为原始资本提供稳定持续的援助，而不是一下子把它花光。同时，根据亚洲、非洲、拉丁美洲和太平洋诸岛等不同地区的不同需求，建立符合当地社会形态的投资体系是关键之所在。

非洲充满潜力

将成为 21 世纪主角的发展中国家中，除了与日本地理条件接近的亚洲和太平洋诸国以外，值得瞩目的是非洲大陆。目前，中国和印度的人口在持续增长，但是到了 2030 年，非洲国家将在人口方面超过它们。以非洲为中心，地球的人口数量将从现在的 90 亿增加到 100 亿。

自古以来，非洲大陆的人民在各地建立起了优越而繁荣的文明，之后曾遭遇奴隶贸易，在殖民时代以及各国独立后，甚至 20 世纪的冷战时期，非洲被频繁卷入霸权国家的"代理战争"，遭受了诸多苦难。经历坎坷的非洲现在所面临的挑战，是如何实现经济独立。

日本不是殖民时代非洲国家的宗主国，也不是第二次世界大战后将非洲卷入美苏"代理战争"的直接当事人。在非洲存在着许多严重的问题，仅凭这种"互惠互让（give and take）"的关系是无法解决的。在非洲，日本具有其他国家所没有的独特立场，因此有能力解决这些问题。

尽管知道非洲是一个充满潜力的地方，但日本除了个别企业外，大部分企业对拓展非洲市场持观望态度。其背后原因是对恐怖主义、政治动荡以及腐败的蔓延等在非洲国家尤为突出的问题的担忧。

作为对 2013 年于横滨举行的第五届非洲发展会议（TICAD V）的前期预热，我们于是年 5 月 31 日举行了"AFDP 非洲领导人和商界人士会议"（AFDP 是 Alliance Forum 基金会援助发展中国家事业部）。在此次会议上，由东部和南部非洲的 19 个成员国加盟的东南非共同市场（COMESA，为建立稳定的经济和贸易区而创建的区域性机构）*，与东南非贸易开发银行（PTA 银行）之间签署了备忘录（MOU），其内容是关于设立基金和基础设施开发的方向两项。这将正式开启非洲国家前所未有的基础设施投资。

在会议中被讨论并决定设立的新基金是"AFDP COMESA 基础建设基金"（AFDP 开发基金）。由于 COMESA 共同体的 19 个国家政府也将对

---

* 东南非共同市场于 1994 年成立，截至目前已有 21 个成员国。——译者注

该基金划拨资金，因此获得该基金投资的日本当地企业，可以说是在得到了非洲各国政府的"许可证"以及"幕后支持"的条件下开展业务。反过来说，恐怖分子必须做好心理准备，一旦试图攻击这些企业，就是与相当于公司"股东"的 19 个国家为敌。

在非洲国家开展项目的企业，都遭遇过被政府官员索贿的情况，这种情况可以通过与 COMESA 共同体全体成员国签订法律协议来避免。从一开始就将经营项目定位为"跨国项目"，可以大大减少与不稳定而动荡的各国政府之间的摩擦。如果用一个简单的比喻来表达的话，这个方法类似于不与美国境内各州签署个别协议，而是一开始就与其上级机构的美国政府协商，制定适用于所有州的规则和契约。

对于迄今为止日本政府 ODA 难以独力实现的跨国铁路和大规模能源开发等大型项目，其出资流程将变得更加顺畅。还有一点，其详细构造我不在此赘述，但是如能实现，就有可能建立一个机制，使日本民营企业可以利用欧美和中国的资金开拓非洲市场。靠这些资金实现的项目如果能够实现盈利的话，那么这些钱将理所当然地再次流向当地社会所需的领域，具体来说就是改善营养不良、发展教育和医疗，以及促进当地自立这三个领域。

帮助非洲自立的三个项目

前面已经提到，2009 年我们在非洲南部国家赞比亚启动了旨在改善当地居民营养不良的螺旋藻项目。

在非洲大陆的 53 个国家中*，选择赞比亚是有理由的。因为该国属于

---

　　* 目前非洲大陆共有 54 个国家，其中南苏丹共和国于 2011 年宣告独立，是在作者启动螺旋藻项目之后。——译者注

英语圈，比较容易开展项目；而且该国是非洲少有的民主国家，自 1964
年建国以来，没有发生过一次政变或内战。不论是 2008 年的总统选举，
还是 2011 年 9 月，时任总统鲁皮亚·班达（Rupiah Banda）以微弱之差
败给候选人迈克尔·萨塔（Michael Sata），都没有出现过其他非洲国家常
见的内讧，政权进行了有条不紊的交接。赞比亚这个非洲小国，人口仅
1300 万，却有着 74 个部落。不过，在第一任总统肯尼斯·卡翁达（Ken-
neth Kaunda）的努力下，国家通过部落间的交流实现了很好的融合。

　　不仅东南非共同市场（COMESA）的总部设在赞比亚的首都卢萨卡，
赞比亚还加盟了由 15 个国家组成的南非发展共同体（SADC）＊，位于非
洲大陆上极具吸引力的位置。此外，于 2014 年包括东非共同体（EAC）
在内的 3 个机构共同缔结了自由贸易协定（FTA），一个巨大的经济圈正
在形成，从埃及到肯尼亚和南非，非洲大陆一半以上的国家（约占 GDP
的 75％）都将被纳入其中，我认为可以将其称为"非洲版的 TPP（跨太
平洋伙伴关系协定）"。在不久的将来，赞比亚及其首都卢萨卡将成为欧盟
中的比利时的布鲁塞尔一样的地方（如图 12）。

　　"Defta＝黑网模式"开始于孟加拉国，其适合非洲市场的参考模式会
成为什么样子呢？

　　我们所做的第一件事就是于 2010 年在当地大学设立了一个解决教育
问题的项目。我们把位于首都卢萨卡的赞比亚国立大学与位于北部城市基
特韦（Kitwe）的铜带大学（Copperbelt University）用 XVD 技术进行连
接，建立了远程教学和远程共同研究系统。我们还在考虑使用后计算机时
代的新技术来推进跨国的联合研究。

　　＊ 2017 年 8 月，南非发展共同体第 37 届首脑会议接收科摩罗为第 16 个成员国。——译者注

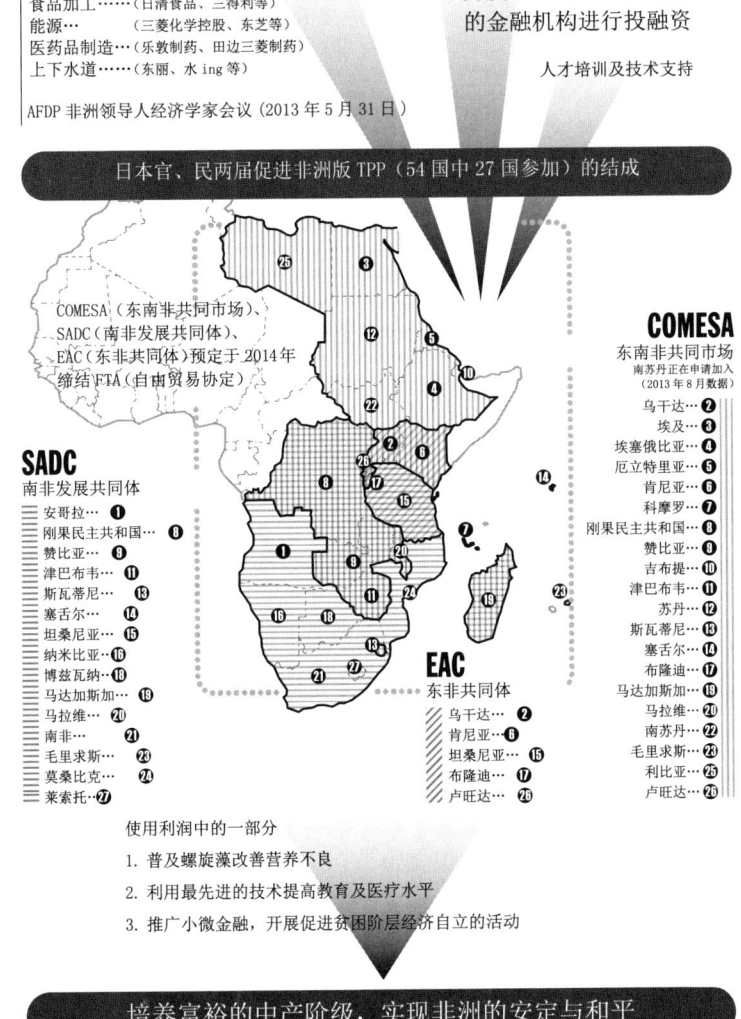

把非洲从援助对象改变为能够自立的经济圈的机制

把产品与系统打包一起出口

铁路⋯⋯⋯⋯（JR东海、JR西日本、JR九州、日本信号、日本车辆、JVC建伍、JEF钢铁等）
食品加工⋯⋯（日清食品、三得利等）
能源⋯（三菱化学控股、东芝等）
医药品制造⋯⋯（乐敦制药、田边三菱制药）
上下水道⋯⋯（东丽、水 ing 等）

AFDP 非洲领导人经济学家会议（2013 年 5 月 31 日）

由东南非洲贸易发展银行（PTA 银行）主导、除非洲开发银行外，主要参与国的金融机构进行投融资

人才培训及技术支持

日本官、民两届促进非洲版 TPP（54 国中 27 国参加）的结成

COMESA（东南非共同市场）、
SADC（南非发展共同体）、
EAC（东非共同体）预定于 2014 年缔结 FTA（自由贸易协定）

COMESA
东南非共同市场
南苏丹正在申请加入
（2013 年 8 月数据）

乌干达⋯ ❷
埃及⋯ ❸
埃塞俄比亚⋯ ❹
厄立特里亚⋯ ❺
肯尼亚⋯ ❻
科摩罗⋯ ❼
刚果民主共和国⋯ ❽
赞比亚⋯ ❾
吉布提⋯ ❿
津巴布韦⋯ ⓫
苏丹⋯ ⓬
斯瓦蒂尼⋯ ⓭
塞舌尔⋯ ⓮
布隆迪⋯ ⓯
马达加斯加⋯ ⓰
马拉维⋯ ⓴
南苏丹⋯ ㉒
毛里求斯⋯ ㉓
利比亚⋯ ㉕
卢旺达⋯ ㉖

SADC
南非发展共同体
安哥拉⋯ ❶
刚果民主共和国⋯ ❽
赞比亚⋯ ❾
津巴布韦⋯ ⓫
斯瓦蒂尼⋯ ⓭
塞舌尔⋯ ⓮
坦桑尼亚⋯ ⓯
纳米比亚⋯ ⓰
博兹瓦纳⋯ ⓲
马达加斯加⋯ ⓲
马拉维⋯ ⓴
南非⋯ ㉑
毛里求斯⋯ ㉓
莫桑比克⋯ ㉔
莱索托⋯ ㉗

EAC
东非共同体
乌干达⋯ ❷
肯尼亚⋯ ❻
坦桑尼亚⋯ ⓯
布隆迪⋯ ⓯
卢旺达⋯ ㉖

使用利润中的一部分
1. 普及螺旋藻改善营养不良
2. 利用最先进的技术提高教育及医疗水平
3. 推广小微金融，开展促进贫困阶层经济自立的活动

培养富裕的中产阶级，实现非洲的安定与和平

图 12　非洲版的 TPP

第二件事情，是与当地非政府组织合作，开展利用各种先进技术的远程医疗项目。

总部设在赞比亚卢萨卡的 Alliance Forum 基金会开展的第三个项目是利用小微金融来促进当地居民的自力更生。我们邀请各国中央银行和财政部的年轻官员前往孟加拉国学习小微金融，与此同时，我们与各国政府和非洲各地的开发银行合作，准备建立面对个人和中小企业的小额信贷制度。

我们的目标是帮助当地居民按照自己的想法，以符合自己需求的方式追求自力更生，而不是被动地接受被发达国家的政府和企业单方面强加的援助和开发。我相信小额信贷是实现自立的良好手段。这是把非洲大陆的大量贫困人口提升到中等收入阶层的大胆尝试，也是实现联合国千年发展目标中的第八项"促进全球发展伙伴关系"的重要环节。

受西方经济理论摆布的国家

赞比亚曾被称为北罗得西亚，是英国的殖民地之一。1925 年，世界上最大的铜矿床之一被发现，但北罗得西亚政府却将采矿权转让给了犹太资本的英美资源公司（AAC，即现在的英美资源集团 Anglo American PLC）。当时该公司不断通过政治交易获取非洲南部的黄金、铜、钻石和其他稀有金属的开采权。就连以自己的名字命名罗得西亚的英国政治家塞西尔·罗兹（Cecil Rhodes）所创建的、以经营钻石闻名的戴比尔斯公司（De Beers），也在 1926 年被 AAC 收入旗下。

AAC 依靠赞比亚的铜矿获得了巨额利润，但是它们并没有将利益回馈给当地社会，而是带到了海外。这对赞比亚人民来说，当然是根本无法认可的。所以，在 1964 年独立几年后，赞比亚第一任总统肯尼斯·卡翁达就将矿山进行了国有化。为此，英国政府与其他西方国家共同对赞比亚实施了经济制裁。随着采矿工程师撤回欧洲，铜矿的生产能力下降，成本增加，国际竞争力开始下降。尽管如此，卡翁达总统还是将矿山的利润投入学校、医院和道路等基础设施。

但到了 20 世纪 70 年代，铜矿的经营状况每况愈下。赞比亚政府迫于西方国家的压力，最终不得不于 1988 年再次同意将铜矿民营化。上世纪 90 年代，赞比亚在国际货币基金组织（IMF）的指导下，放宽了对外资的管制，并实施了外汇的自由兑换。经过了漫长的民营化过程，在美国、英国、以色列、加拿大、印度、中国、瑞士、澳大利亚等 8 个国家的主导下，赞比亚的铜矿于 2000 年完成了重新民营化。

目前，赞比亚的大部分铜矿都归外资所有，其大部分利润流往国外。民营化的铜业开发公司经营效率有所提高，铜价也通过减少产量而上涨。但是，外国资本带来的这种民营化对赞比亚人民意味着什么？在民营化过程中捞到好处的赞比亚人变得富有了，但同时也造成了政客们的腐败以及贫富差距的扩大。尽管企业的利润有所增加，国家的国内生产总值（GDP）数字有所改善，但是对当地经济的贡献却很弱，反而导致失业人数增加了。

"真心希望由日本企业来完成"

访问赞比亚时，你会看到采矿公司在国营时代所建的，至今仍然在使用的老旧医院、学校和道路等设施。当年国营时代的采矿公司虽然在业绩上表现不佳，但它们能把创造的利润投入造福于民的事业。现在，这些福利设施在矿山民营化后都被砍掉了，因为不论是医院、学校还是道路，对于铜矿企业的股东来说，无非是缩减收益的"浪费"。

尽管拥有丰富的矿产资源，也效仿西方建设了以民主主义和资本主义为基础的国家，为什么老百姓的生活依然困苦呢？应该怎么解决呢？当赞比亚政府的内阁成员向我咨询时，我陈述了我一贯的见解——如果听从英国和美国的指挥，执行忠于市场原则和偏袒股东的资本主义体制，赞比亚的贫富差距会越来越大，国家形势也会趋于动荡。

然而，那些在欧美大学留学、学习欧美经济学的非洲精英们却很难理解，为什么矿山民营化会对本国人民造成负面影响。这时，我会讲解什么是对公益予以考量的新资本主义（公益资本主义，请详见第五章）。他们无一例外地感到惊讶，说这种想法不论是在美国还是欧洲，都从未听到过。赞比亚第一任总统肯尼斯·卡翁达回忆起在推行铜矿国有化时，曾被西方国家领导人指责："你的国家难道要变成社会主义国家吗？"他不无遗憾地告诉我："如果当时知道公益资本主义的理念就好了。"

有过以往苦涩经历的赞比亚的国家领导者们，开始对引入新技术提高竞争力，并将 20% 的利润用于公益事业的孟加拉国的模式产生了强烈的兴趣。这是因为他们一直以来都觉得，借用海外民间企业的力量，即使努力出了成果，也逃不脱最终被海外投资者独吞的命运。

如果日本企业真的愿意用公益资本主义的思想为指导进行开发，那么这些开发领域的项目真心希望由日本企业来完成——这样的声音在非洲并不罕见。

日本成为制度、模式和规则的出口国

一提"日本制造"，一直是指以汽车和电器产品为中心的"硬件"工业品，以及之后开始输出的漫画、动漫、饮食文化等"软件"产品。但我认为，今后日本应该输出的是制度、模式还有规则。

无论是硬件还是软件，只要出口的是成型的产品，总有一天会被模仿，而最终会输给价格更低的产品。与之相反，以铁路技术为例，铁路技术并不仅仅是依靠车辆的性能就可以维持运营的，还要对信号及岔道转换点等系统进行综合性整合，才能保证复杂的铁路系统能准确地运行。因此不能仅仅是出口单一的产品，而要将系统打包在内，并进一步帮助对方建立制度，我觉得提供这种综合性的出口才是日本的优势之所在。

这些系统总是要伴随着规则的。规则虽然在有些时候没有明确的理由和意义，而一旦被确立，它们就有可能成为一种"市场保护壁垒"。例如，在遵行右侧行驶规则的国家，公交车必须在右侧设置车门；而如果是左侧行驶的国家，情况则相反。日本要成为创造制度和规则的国家，这是日本制造业应该拥有的深刻自觉。

我们还应关注那些影响世界经济和社会的更主要的体制及规则。当今世界上的议会制度、学校制度、律师制度、会计师制度等大多起源于欧洲和美国，但现在，这些制度已经开始捉襟见肘，变得不合时宜。到 2050 年，发展中国家的人口将占世界人口的 85%，然而这个世界却一如既往地维持着只有个别发达国家才能享受富裕生活的体制。虽然，中国、印度、巴西等新兴国家增长势头强劲，但我们都可以看到，这些国家的发展止步于大量消费型模式，如果大家都按照这种模式继续发展，那么地球真的就没有明天了。

我们需要一种新的制度来取代正在侵蚀当今世界的金融资本主义和股东资本主义。我坚信，同时也是希望"Defta＝黑网模式"是先行者中优秀的典范之一。一个新的制度要想被世界接受、被人们认同，那么它所表达出来的价值观以及在背后支持它的理念，将成为最重要的评判标准。

日本应率先于世界，成为这样新制度的创造者及传播者。让我们在论述"公益资本主义"的第五章，以"理想的价值观"为中心主题，来探索日本应该前进的方向。

"公益资本主义"造就未来的日本

亿万富翁未必幸福

我所从事的工作，就是寻找在技术方面具有前瞻性想法的人才，组建公司并扶持它们成长。在此过程中，我创立了好几家上市公司，并让包括创业者和员工在内的数百人成为了亿万富翁。

可是，这些获得了财富的人真的过上了幸福生活吗？遗憾的是，据我所知，在这些创造了100亿日元以上财富的人当中，几乎没有人拥有真正意义上的幸福。

成为有钱人就能拥有幸福生活——让人们对这一点深信不疑的是"美国式梦想"对幸福的定义。而我认为，问题恰恰出在这里。

金钱可以改变一个人，大家可能已经在某种程度上意识到了这一点。不论谁都知道没钱的痛苦，但是，钱太多了也会变成不幸，就未必人人都能理解了。没钱的时候人都会使劲做梦，梦想一旦有了钱就可以买各种心仪的东西，实现各种愿望；可是一旦真的成为亿万富翁之后就会发现，自己是不会为能用金钱买到的东西而满足的。而且，有了这一番经历的人，经常会有"再也回不到从前"之感。

在硅谷也是一样的。事业成功后，突然变成有钱人的暴富者，一下子就入手好几台心仪的欧洲豪车，再购进带泳池的大房子，甚至还有人购买宫殿样式的豪宅。这些暴富者到底有多少财富呢？下面这个例子可以说明：2007 年美国对冲基金排名前十的基金管理者个人所得总计 1 兆 7400 亿日元。这个数字甚至超过了丰田汽车集团 2008 年度纯利润（数据来源：Alliance Forum 基金会《公益资本主义研究》）。允许这种怪现象存在的，就是现今的资本主义。

但是住房这个东西，如果大得超过了一定的限度，反而会住得不舒服。好吃的东西，不经常吃才觉得格外美味；开心的事情，不经常有才格外令人愉悦；如果偶尔才有的事物成为日常，人们就不会为此感动，这是人类的生物本能。所以，现在到了一个重要的时刻，需要我们重新考虑什么才是真正的幸福，什么才是我们应该追求的人生目标。

很多人已经觉察到：现今的资本主义已经到了一个明确的拐点。那么，在下一个时代，金钱还具有同样的意义吗？对此，我的回答是"不"。在即将到来的新时代，我们有必要建立一套新的价值观和判断标准，从而打破现在的"美国式梦想"所界定的幸福观和美国式价值观给社会造成的僵局。如果现在的资本主义不能给个人和社会带来幸福感，那就必须做出改变。

目的和手段的错位，是现今资本主义最大的弊端

金钱本来应该是手段，现在却成了目的。为何会出现这种现象？我认

为最大的原因在于把所有的事物都量化。

我在前面章节指出过，美国因为汇集了人种、国籍等各不相同的人群，为了统一衡量标准，商学院提出 ROE（股权收益率）等一系列数字组成的经营指标。但是不知从何时起，这些本应是手段的数字指标变成了经营的目的。

由此，美国的风险资本也沦落为单纯的金融业。手段和目的错位的事例随处可见，脱离本来目的的事情反而大行其道。公司只是为了暂时的数字好看就实行裁员，而商学院教育中最无聊的"白衣骑士（white knight）"和"毒丸计划（poison pill）"（两者都是针对恶意收购的手段）却风行一时，甚至出现了想要把非营利目的的大学和初高中变成追逐利润的股份制公司这类完全错误的想法。可见，目的和手段的颠倒错位才是现今资本主义最大的缺点。

人们通过工作创造人生价值，作为其附带结果，个人也会获得金钱报酬和社会归属感，人类社会正是因此而存在的。但是，现今的美国社会，只要股价上涨，不论是什么人品的经营者都会受到追捧。这种手段和目的的错位，一定会把人们推入不幸的深渊，所以，日本完全没有必要引进这种在美国已经行不通的理念和方法。

"GDP 至上主义"无法让人幸福

在宏观经济领域也是如此。人们普遍用 GDP（或 GNP）的数值表示一个国家和地区的发达程度，仅仅是因为现在没有其他更合适的标准去衡量而已。

举个例子。一次性花费 100 亿日元修建一条使用年限长达 100 年的昂贵的道路，和建设费仅花费 1 亿日元但道路的寿命不超过 1 年，所以每年都需要再花费 1 亿日元重新整修，一直修 100 年的便宜道路相比，哪种情况对经济发展贡献更大呢？

就 100 年总的建设费用而言，两者花费的金额相同，但是后者的"路边施工队"的便宜方案，却对 GDP 的推动作用更大（实际计算时还需考虑物价变动因素，这里为了说明暂且省略）。为什么这么说呢？便宜道路质量差、容易坏，整修费用会花费很多。况且质量差的道路发生事故的概率也高，由此带来的结果是：事故车需要花钱修理或更换新车；发生事故时有受伤的人则需要治疗，这时又会发生额外的救护车的人工费、油费等一系列费用；每年重修道路会带来尘土、噪声等问题，应对这些环境问题也需要经费。

如果一次性修建使用年限为 100 年的昂贵道路，上述费用发生的概率就会小得多。但是，有费用发生就意味着经济活动的开展。从推动 GDP 的角度来看，高事故率的便宜道路对 GDP 的贡献更大。

再举个例子。日本依靠便宜的核电支撑着经济的发展，但是核废料的处理需要经费，安抚反对核电站的当地居民的"本地对策费"也是一笔很大的开支。况且如果像东京电力公司福岛核电站那样的事故发生的话，花费更是巨大，如此一来核电就算不上便宜了。一旦发生事故，GDP 当然会上涨，但是谁也不会认可这是对社会发展富足做出的贡献。

自 2008 年以后，美国和欧洲央行大量印钞，导致流动性过剩，热钱涌入发展中国家，虽然有一小部分人获得巨额财富，但是我们感觉不到整个社会变得富足。

由 GDP 值增加带来的虚假繁荣在世界各地反复上演。这种不看经济活动的实质内容，仅仅凭借数值的涨落就草率地判断 GDP 以及经济是否增长的风潮，其现象的根源都在于目的和手段的错位。

GDP 增加，财政支出也会增加

看到上面的标题，有人可能会有反对意见：GDP 不增加的话，会导致税收减少，使得财政赤字加剧。我并不是反对 GDP 增长这件事，我只想提醒读者诸君，要考虑到这种情况：企业的经济活动增加了 GDP，但有时也会导致国家年度支出增加。

比如，为了打开发展中国家的贫困人群市场而采用的 BOP 商业手法，是指商人们把巧克力等商品分成小包装后以低价销售。通过这种手段，有些欧美的食品公司获得了相当大的利润，但与此同时，那些穷苦人原本过的是一种几乎不产生垃圾的自然循环式的生活，现在却因购买小包装食品而产生了大量的塑料垃圾。出于无奈，企业又拿出一部分利润，请回收垃圾的 NPO 组织处理垃圾问题。

巧克力销量越高，有蛀牙的孩子就越多，连带着牙刷牙膏等商品的销量也不断增加，甚至原先无人光顾的牙科诊所也热闹起来。的确，改成小包装出售的巧克力因销量大增而推动了 GDP，但与此同时，当地政府需要增加垃圾处理费和医疗费的支出，这也是显而易见的事实。

人类的最高目标是获得幸福。成为有钱人也好，推动 GDP 也好，只不过是获取幸福的手段。随着金钱和 GDP 被目的化，个人的价值观也受到了影响。什么都想要、干啥都显摆，为了这些只能不断地花钱。人类，把获得幸福的手段当成了目的，反而使得精神越来越贫瘠。

年轻时拼命赚钱，岁数大了再支持慈善活动

美国很早就有这样的传统：商业成功人士退休后从事慈善活动，比如

微软创始人比尔·盖茨创立了世界最大的慈善基金会。也许有人会认为美国的确是利益优先的竞争社会，但是通过慈善事业为社会做贡献的意识也同样根植于美国社会。

在美国社会，慈善活动被认为是身份的象征，能参加慈善活动表明已经实现了人人向往的美国梦。热衷慈善的另一个重要原因是慈善募捐可以抵扣税款。在此，我们暂不讨论慈善活动和捐款的背后目的，我想请大家分析一下这两种生活方式：一种是在年轻的时候只为了升职和赚钱拼命工作，等到了一定年龄就开始追求社会地位，积极参与慈善活动和募捐，向全世界宣告他们的成功；而另一种则是一开始就认为在工作之余从事社会工作也非常重要，在个人经济还不富裕时，就开始付出一定的时间和金钱为社会做贡献，他们的生活方式虽不起眼却脚踏实地。问题是，这两种生活方式哪一种能给更多的人带来幸福呢？

为了成为有钱人而拼命做生意的那段时间里，是顾及不到为社会做贡献的；为了成功，为了打败竞争对手而游走在法律边缘当然也是理直气壮的。对这些人来说，工作本身带来的喜悦和对人生的领悟，完全是跟赚钱无关的细枝末节。当这种赚钱第一的价值观影响到企业和社会以后，当然会加剧贫富差距。

向各种社会团体进行高额的捐款，能够赢得社会地位和社会荣誉。募捐和慈善活动的最大动力来源于节税策略和获取社会地位。很多企业高管说，做慈善需要很大的收入来源做支撑，而通过各种灰色手段积累了巨额财富的企业家们则把慈善视为赎罪。

但是在日本，即便不能抵扣税款，也有很多人乐于捐助。日本虽然没有像比尔·盖茨那样的成功人士，但是大家都觉得，无论是有钱人还是不那么富裕的人，都可以通过自己的方式为社会做贡献。我认为，日本的这种淳朴的文化非常美好，因此简单地认为"美国有很多人热心慈善活动，但日本没有慈善募捐的文化"是不正确的。

"公益资本主义"是资本主义的初衷

以美国式价值观为代表的现代资本主义是不可能给生活在这个世界的不同环境中的每一个人都带来幸福的。我们必须创造一种新的资本主义取代它。

我把这种取代现行"股东资本主义"的新资本主义模式称为"公益资本主义"（public interest capitalism）。

"公益资本主义"是我们提出的一个新的概念。在 1999 年前后，Alliance Forum 基金会组织了以"后资本主义的展望"为主题的研究。为了将问题意识具体化，且更加明确地向世界传达我们的理念，我提炼出"公益资本主义"这个概念。

一方面，如果以"公益资本主义"为基础，那么公司就不仅仅是股东所有，而是管理层、员工、顾客、供货商和周边区域，甚至可以说是整个地球"利益相关者"的共同所有。企业要率先考虑的，不是股东利益，而是众多利益相关者以及对周边区域的贡献，这样才能使更多人获得幸福，使经济得以持续发展。另一方面，"公益资本主义"是一种用长远的目光进行经营和投资活动的机制和理念，是我一直以来思考的"资本主义的本色"（如图 13）。

例如，在第四章介绍的黑网公司，在创始之初就把为社会做贡献视为企业经营的一大目标。这与那些经股东同意后，才能把一小部分利润用于社会贡献的企业相比，两者虽说都是处于资本主义形态的市场经济中的股份制公司，但两者的社会效益和影响力不可同日而语。

公益资本主义下企业的存在方式

企业不仅是股东之所有，而是属于员工、顾客、供货商、周边区域，甚至包括地球整体的"利益相关者"共同所有

股东资本主义下企业的存在方式

企业仅属于股东。通过将股东利益最大化，经营团队也可以得到丰厚的酬劳。员工、顾客、供货商、周边区域，甚至地球整体都不过是企业获取利益的手段

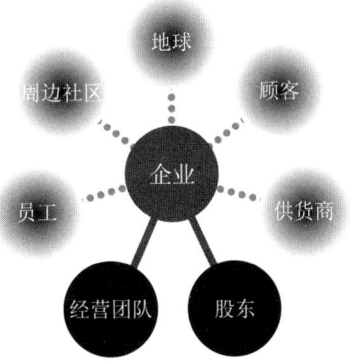

图 13 企业利益关系人对比

与日本式经营理念和企业哲学相通的"公益资本主义"

产业革命之后，在发达国家担当社会主角的是企业。各类企业为我们

提供日常所需的产品和服务，其品质是由企业的经营战略所决定的。人们一天的大半时间作为员工在企业度过，企业的经营状况在很大程度上左右地区的经济发展。对社会而言，企业存在的意义越来越大，其影响趋于复杂且日益深远。

因此，企业的经营活动必须考虑与企业利益紧密相关的经营者、员工、顾客、股东、周边区域、环境乃至整个地球的利益。以此标准行事的企业，其包含股价在内的整体企业价值要高过股东利益最优先的企业——如果有一种资本主义承认这种机制，那么这个资本主义就是公益资本主义。话说到这一步，很多生活在日本的读者会不禁奇怪："这不是理所应当的吗?"

前面章节提到的欧姆龙公司创始人立石一真、本田公司创始人本田宗一郎、索尼公司创始人之一井深大、国誉公司创始人黑田善太郎，这些日本企业的先辈们所倡导的、传承至今的经营理念和企业哲学和公益资本主义颇有相通之处。比如松下幸之助就曾谈到，企业乃社会之所有，即所谓"公器"。

以美国为主，世界各地都有我的商业项目。在这些项目的执行中，我深感日本的悠久历史和日本在资本主义道路上的砥砺前行是前辈留给我们的巨大财富，先辈们的经验赋予我们极大的智慧。

然而，上文提到的"理所应当"像劣币驱逐良币一样慢慢被驱逐出了人们的意识。不仅在美国，在日本国内认为"公益资本主义作为理想是正确的，但经营会难以为继"的人也在增多。

比起仅为了股东、报酬与股价联动的经营者以及只关注股价短期内的上升的企业，那些以企业为公器、用长远的目光去经营的企业，最终的结果才能保持长久可持续发展。经营的目的就是追求可持续发展，这一点也是日本诸多企业经营者们的经验和共识。

但是，不管企业经营者的哲学思考多么有深度，在商学院被股东资本主义价值观洗脑的技术专家们日益增多并且继承了经营权，他们认为不能体现在数字上的业绩贡献是没有价值的，必须毫不留情地砍掉。对于这种专家论调，必须以符合逻辑的理论进行对抗。

本来用心就能体会到的、作为"常识"的公益资本主义，看来需要再认真思考一下了。

目前经济学所面临的问题

经济学拥有诸多领域。其中，获取诺贝尔奖的学者们大多集中在理论经济学和计量经济学领域，这是美国的学者独擅胜场的两个领域。"公司仅为股东之所有"也好，"所有的价格体系由市场决定"也罢，这些理论被经济学家们不断用精密的数学模型所"证明"。

金融工程学如同数学算式般精准，而基于金融工程学的金融资本主义，其原理的正确性不容置疑——美国经济学者们坚信这一点并向全社会大力宣扬。他们信奉"市场万能主义"，认为最大限度放开市场就可以实现个人自由和社会繁荣；他们视"股东至上主义"为普遍真理，坚信企业因股东而存在，而经营者的职责就是最大限度提升股价。

上述经济学理论的最大问题在于没有充分注意市场缺陷的程度以及数学模型的极限。注意到市场的非理性且用数学方法予以阐明的奥利弗·威廉姆森（Oliver Williamson），于2009年获得了诺贝尔经济学奖。2001年诺贝尔经济学奖获得者约瑟夫·斯蒂格利茨（Joseph E. Stiglitz）也曾指出：是"信息的不对称性"导致了市场中交易的失败。而我个人以为，人类社会经济活动是极其复杂的，仅凭目前的经济学界所掌握的数学方法，不管做出如何的解说，都不过是事后诸葛亮而已。

即使出现新的经济学理论分析市场的失败和缺陷，其结果也不过是停留在阐明社会经济活动系统的整体缺陷上，而没有能力解决产生缺陷的原因，也不具备改变各种经济实体行动原理的力量。

不健全的经营加大收入差距

我已经反复强调过，"企业仅为股东之所有"这种观念不仅在理论上是矛盾的，而且会剥夺企业开拓新兴产业的活力，甚至会导致资本主义的崩溃。被股东要求在短期内获取高回报的经营者们，放弃了中长期的研发，只专注于实施裁员、提高效率，并利用期权制度尽可能地为自己捞好处。这些我在第一章已经详细阐述了。

在这种风气的影响下，美国大企业经营者获得的报酬，居然达到了一般员工收入的 200 倍以上（数据来源于彭博社调查，http：//www. bloomberg. com/news/2013 - 04 - 30/ceo-pay-1-795-to-/-multiple-of-work-ers-skirts-law-as-sec-delays. html. ）。一般员工和经营者的收入差距，在 20 世纪 50 年代只有 20 倍，到了 80 年代是 42 倍左右，到了 2000 年差距增长到 120 倍，在 2013 年居然飙升到了 204 倍。甚至有其他统计表明，2012 年的员工和经营者平均收入差距达到了 354 倍（数据出自 ALC-CIO, http://www. aflcio. org/Corporate-Watch/CEO-Pay-and-You/Trends-in-CEO-Pay）。经营者收入的主要来源是与股价联动的股权激励制度。

这种与股价联动的股权激励类的报酬，可以看作大股东对不关心股价短期内浮动的董事会成员和执行董事的一种"贿赂"。一般来说，股权需要在任期内行使（有的公司规定可以在卸任后 3 个月内行使），所以想要行使股权获取大额报酬，就意味着经营者在任期内一定要提升股价。这种报酬机制促使股东和经营管理层形成了统一的利益关系。之后要做的就是定期购入自家股票，等待升值。此外，企业经营管理人员的人力资源市场因为信息不对称以及行业壁垒等原因，也显示出极其不正常的状态。

脚踏实地做实业理应获得赞美

一般认为，企业发行股票的本来目的是为企业募集长期发展所需资金，对于初创企业等非上市公司而言，这个道理是不言而喻的，但是对成熟企业就完全不同了。从最近的统计来看，有些公司上市发行股票，不仅没有从市场募集到资金，反而因为购买本公司股票，被股市吸走了公司的自有资金。通过调查股市募集资金的总额发现，上市公司拿出企业内部资金购买本公司股票所支出的总金额，从 1993 年开始，竟然超过了从股市募集到的总金额。这件事从客观上讲也可以理解为：企业一旦上市，就会被股市吸走企业的自有资金（如图 14）。

股票发行总额 =（发行数量—企业回购）

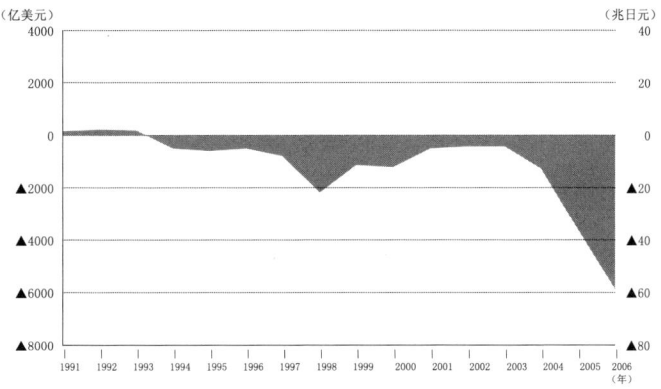

图 14 股票发行与企业回购情况

上市公司的股东和公司的关系，只不过依托在股东持有企业发行的证券这一点上，与员工、顾客、供货商等的企业利益相关者相比，其关系要淡薄得多。况且近年来股东们的眼光越来越短浅。根据纽约证券交易所的股民平均持有股票时间的统计看，在 1960 年是 8 年，之后逐年降低，2005 年以后持有时间甚至不到 1 年（根据纽约证交所-泛欧证交所 NYSE Euronext 调查）。

这背后的一大原因是，相比个人投资者，投资基金的影响力日益增强。基金经理们的奖金与股价相关联，因此倾向于做短线快速获取回报，他们平均持有股票的时间为极其短暂的 10 个月以内。

在短期内提升股价的方法有很多。经营者们为了提高资金使用效率，压缩资产使 ROE 数值上升，之后再通过并购和重组，为市场提供源源不断的话题；利用发表财报的机会讨好市场分析师，即使公司的实际经营状况很差，也要勇于大胆宣传公司的前景。总之，股价是由被人气投票影响的供需关系所决定的。受"股价就是一切"的风气影响，那些踏实经营的企业的实际价值反而被低估。

夸大宣传和埋头做事，哪种企业更应该受到好评？毋庸置疑是后者。比起那些夸夸其谈的企业，怎么才能让资金集中在不善自我宣传但作风扎实的企业身上呢？

"市场原理"不是绝对的存在

与"股东至上主义"并肩，"市场万能主义"也是目前经济学理论的核心。在此我们不妨重新审视一下。

经济学界一直在鼓吹市场机制可以最高效地分配资源，这作为一种空想理论也许是正确的。不过，这个理论成立的前提是：首先要实现完全竞争，市场准入成本要足够低，所有的买方都能够完全掌握卖方及其商品信息，并可以进行均等机会下的对比。只有完全具备上述条件，市场机制才能发挥完美的效力。也就是说，所谓的市场机制不过是在现实中难以实现的"假设"。我们所生活的世界变幻莫测，随着时间的变换，无穷的变数纷至沓来又无声流逝。

传统的主流派经济学通常是设定几个不可能完全具备的条件，然后勉为其难地用数学公式去推算和证明。通过这种研究得出"理论上市场是万能的"这样的结论又有什么意义呢？与传统学派不同，东京大学研究生院的经济学研究科和京都大学研究生院的理学研究科则另辟蹊径，从经济的正面入手，用经济物理学的方法进行论证。这种全新的研究可能会比较花费时间，但成果令人期待。

当然，解决在错综复杂的现实环境中产生的需求和供给的关系，相比仅由少数人制定的计划经济，市场原理的确显得更为合理。但是我们不能因此就简单粗暴地认为"把一切都交给自由市场，公益就会自动实现"。因为我们已经知道，前面提到的"市场万能主义"理论成立的前提条件是不可能完全具备的，在这种情况下把一切交给市场很有可能会招致不幸的后果。

等到破坏和混乱发生后再介入市场，则为时已晚

法律、规则、传统习惯以及人们的伦理观念，在市场及市场参与者中存在着各种各样的"行为规范"，它们是每个国家和社会无论如何都会具有的。所以，仅仅把市场看作因利己之心而驱动的个人散漫行为的集合，当然是错误的。抛却一切行为规范，只要放任自由，则一定会提高效率、改善人们的生活，这当然也是不成立的。所谓"市场的自由"并非绝对自

由，它存在于众多行为规范构成的框架内，是位于框架内的"可选择范围"。我们需要思考：在哪种情况下市场自由化能带来高效率，在哪种情况下反而会损坏公益。"公益资本主义"的理论认为，一定要巧妙、谨慎地制定限制市场的规则，以达到既能保护个人自由，又可以在保障经济活力的同时不折损公益的效果。

有些人坚持，即便"市场万能主义"过于放任自流，也好过政府插手。我觉得应该请这些人先回忆一下历史。

自 2008 年金融危机以来，每年都有大大小小的金融危机在世界的某个地方上演。这些金融危机背后都能发现"市场万能主义"在兴风作浪。危机发生后，市场变得千疮百孔，最后无一例外，都是由政府大规模介入收拾残局。请各位想一想，为了维持市场功能，现今世界各地政府投入的公共资金有多么巨大。

为规避世界性大规模经济危机的发生，要重新审视全世界的金融系统和功能，之后重要的一点就是要建立一种机制，防止一国或数个国家的金融机构和政府陷入财政危机。这个机制的另一项重要功能就是避免因某地陷入金融危机而触发连锁反应。涵盖世界主要国家 G8 和 G20 成员国的财政部、各国央行和欧盟的政府间协议，已经大大完善了这种危机规避机制。但是这种机制还不足以从源头遏制危机的发生，必须从根本上消除导致危机发生的内在因素。

既然政府最终不得不介入市场，与其等破坏和混乱发生之后再由政府出面收拾残局，更明智的做法显然是一开始就引导企业走公益资本主义道路。否则，因为制度框架和理念没有得到根本改变，即便是度过了本次危机，还会犯同样的错误面临同样的风险。金融危机起因于泡沫经济的崩溃，泡沫经济带来的虚假繁荣和泡沫崩溃引发的经济疲软反复上演，将导致全社会以及所有的劳动者都陷入极度的疲敝。

重视 "看得见客户的金融"

公益资本主义的重要原则之一是 "看得见客户的金融"。

某人将自己的钱借给他人，或者对其他人经营的商业项目出资，这是资本主义构成的一个重要部分。商业项目的规模越大，涉及的资金越多，越需要更多的人参与。

一般情况下的借钱是指，借入方作为债务人，贷款方作为债权人，在二者之间建立借贷凭据的资金交易。在这种情况下，如果债务人破产，债权人出借的资金也就血本无归了。为分散风险，债权的 "证券化" 应运而生，也就是把借贷凭据拆分后自由买卖。于是，风险就由买入债权的所有人共同分担。

无论把债权拆分得多细，在这个债权首次证券化的阶段，还是能够追溯到最初的借贷状态，能够查到借钱的是谁，把钱用到哪儿了。这个阶段还可以称为 "看得见客户的金融"。但目前的普遍情况是，被证券化的债权会再次与其他债权组合，形成新的证券后被二次交易。甚至，二次交易后的债权又和别的证券化商品组合，进行第三次证券化，然后被堂而皇之地推向市场。

交易到了这个程度，根本无从得知交易最初的状态。2007 年发生的国际金融危机，其导火线就是次级贷款，即中低收入者的房屋贷款被二次、三次证券化，形成复杂的金融商品。偿还能力不高的中低收入者的贷款，原本有较大的风险，但是通过二次、三次证券化交易，不知不觉变成了低风险的优良证券商品。这一系列操作可谓不折不扣的欺诈，因为证券购买者根本无从知晓真正的交易内容和交易风险。促使这种金融商品产生的体制，实在是有很大的问题。

金融机构不断创造出复杂的金融商品，其中很多貌似减轻了风险的金融商品也会被设计出来。目前在经济学界占主导地位的看法认为，这些金融产品的价值应该由市场决定，而我认为实际情况恰恰相反。什么人、因为什么原因借钱、风险由谁来承担，只有准确地掌握这些信息，才能坚守住资本主义的基本结构。

那么，"看得见客户的金融"具体指什么呢？其最具代表性的例子之一就是在前面第四章列举的"小额信贷"。对方是谁、人品怎样、能力如何？融资到的钱会用在什么地方？如果这些都不知道的话，即使有短期可见的收益，也不能投入资金。

在以前的日本，本地的信用金库和信用合作社发行贷款时，对每个借款人的各方面的情况都要做出评估。当然，并非说回到从前的做法就是好的。过去从大银行借款，很多时候都要有当地政治家的介入，这无形中促使了政治家和商界的勾结。如今需要的是一种新的金融业，它应该是高透明度的，可以把钱高效地投入到最需要的产业。

打个比方，医生要成为名医，需要诊治尽量多的患者，只有对自己的技术不断反思和改善才能进步。银行家也同样如此。著名银行家做事都会根据"看得见客户的金融"原则，所以即使出现问题也不会有太严重的后果。同时，他们会在失败中总体积累经验，最终将银行给予的授信额度不断扩大。有了这样的银行家，国家的新创企业才会茁壮成长。

与赞同公益资本主义的诺贝尔奖级别的经济学家一起战斗

当然，仅仅主张"企业不仅为股东之所有""市场必定有缺陷，需要人为介入"，还不足以说服被"市场万能主义"和"股东至上主义"理论洗过脑的人。那么，怎么才能改变充斥着"市场万能、股东至上"理论的现今资本主义呢？

无论是日本还是全世界，有很多经营者认为企业是社会公器。只是，许多具有国际影响力的经济学家，都支持以美国为中心的"股东资本主义"。他们认为：经济学是一门科学，既然是科学，就应该能够用数值和公式表达，且必须能被证明。学者中有些极端主义者，他们的观点甚至近似于宣称：现实无法用理论解释是因为现实不合规矩。

因此，为了在日本之外广泛宣传公益资本主义的效用，我们有必要把人类的幸福、人类理想的社会等难以量化的概念尽力量化，用经济学家们能够理解的形式进行表达。想要与理论经济学家在同一水平线上进行讨论，那就必须用他们惯常使用的逻辑来说明。

当然，因为对手是诺贝尔奖级别的经济学家，所以这就不是一件简单的事情。庆幸的是，经济学家中也有不少学者赞同公益资本主义的哲学和理念，他们不仅钻研新古典主义经济学派，而且使用经济物理学、新复杂系统数学理论、最新的统计学以及博弈论等理论工具，开拓了经济学新的研究领域。

除此之外，也有学者利用经济学的相邻学科知识，从财政金融制度、税务和会计制度、组织学理论及企业经营等各个侧面，指出现有理论的矛盾和问题所在，并进一步提出了解决思路。而我的任务就是描绘蓝图，网罗志同道合的优秀人才，制定可行性战略部署。

Alliance Forum 基金会早在 1999 年就开始讨论有关公益资本主义理论化的具体进程，并于 2007 年设立专门的公益资本主义研究部门，和全世界有志于此研究的有能力的学者们一起推进公益资本主义研究。在现阶段，我还无法向大家介绍该研究的全貌，谨摘录其中一部分进行解说吧。

制定公益资本主义的企业价值标准

现在的资本主义对于企业价值的计算，是遵循"股价×股票发行数量"，即股票市值来计算。同时，ROE 作为与股价关联性最为密切的指标受到重视，这一点我在前面已有说明。

我们的公益资本主义研究小组认为，先要做的是制定新的企业评价标准取代 ROE。

评价标准的具体指标是下面三个：

● 财富分配的公平性

● 经营的持续性

● 企业的可改善性

也许有人会惊讶，这三个指标怎么能作为评价标准呢？但是如果大家去参考一下历史事例，就会明白这三条绝不是脱离实际的纸上谈兵。请大家想一想，为何现在如此看重 ROE 呢？为什么 ROE 的数值增高，股价就上涨呢？如果对这个问题刨根问底地追究，谁都无法得出令人信服的答案。我在第一章已经指出：美国曾经有过一段时期，相比起 ROE，ROA（资产收益率）和 PER（市盈率）更受到重视。说点过分的话，这些评价指标简直就像流行时尚一样。学术界和市场的本质是一样的，都喜欢使用可以"说明"的指标，用来将复杂多变的现实简单化，以方便他们进行比较。

那么，让我们来看一看，在现实中决定股价的因素究竟是什么呢？究其本质，不过是"选秀投票"而已。股价是由供求关系决定的，股票市场的行情如果是整体上行的话，哪怕是买入业绩差、指标低的企业股票也会赚钱。而当金融危机来临时就完全不同了。雷曼兄弟银行破产引发危机时，信用收缩，银根抽紧，股价开始下跌，几乎所有投资者都会因此蒙受损失，这与企业业绩和经营指标根本无关。

我本人一直认为，量化只不过是手段，绝不应该把它当成目的。公益资本主义的价值标准如果用数值来表达，也许在不久的将来会取代 ROE，成为决定企业价值的标准。但是标准一旦被量化，就避免不了再次出现手段和目的的错位。

但即使如此，我依然相信公益资本主义的理念必将成为改变企业评价标准的巨大力量。在我们看来，构建出与目的相吻合的手段是最为重要的。

提高创造性、幸福感和灵活度

接下来让我们详细讨论一下公益资本主义的三个企业评价指标。

第一项指标是"公平性"，用来显示企业如何分配经营所得。在股东资本主义社会中，股东和经营者独占企业利润是正常情况。而在新的资本主义环境中，企业经营所得的利润和财富必须公平地分给每一个企业利益相关者。因此，无视客户利益、无视周边社区和地球环境的逐利方式必然不会得到高的评价。

有关"公平性"分配原则中最显而易见的是劳动者收入所得是否匹配其贡献度。前面提到，有的美国经营者所获报酬，竟然可以是一般员工平均收入的 200 倍以上，这实在没有道理。管理层待遇优厚，基层员工待遇苛刻，这样的经营状况如果持续下去，会大幅损害员工的社会参与意识。在企业中，如何发挥员工的创造力一直是一个重要的课题，但是如果员工因为待遇过低而失去对工作的热情，那么公司整体的实力也会在无形中降低。显然，从长期来看，基本没有不公平或嫉妒等不满情绪、员工待遇相对公平的企业，更有可能迸发丰富的创造力。

第二项指标是"持续性"。如果经营团队和员工的蓝图以及长期目标能够保持一致，那么员工的幸福感就会提高。而如果经营团队为调整量化指标而整天忙着削减经费和人工费，员工的幸福感当然就降低了。这表明：不追求短期利益的最大化，而是重视中长期目标的企业，最终是符合股东利益的。如果对冲基金和"敢说话的股东"要求企业拿出长久发展所必需的内部留存收益来分红的话，就会降低企业发展的"持续性"。

当然，企业也有一定的寿命。只是，不少本来还具有存在价值的企业，因遭遇敌意收购而导致崩溃。只为了今天活得好而毁掉将来的经营方式是绝对不行的。

位于美国加州南部的拉霍亚市，有一家以分子生物学和遗传学领域的研究闻名于世的索尔克生物研究所（Salk Institute for Biological Studies）。这家研究所是因为发明了急性脊髓灰质炎疫苗而闻名遐迩的乔纳斯·索尔克（Jonas Salk）博士于 1962 年成立的*。研究所目前拥有多位诺贝尔奖获得者，论文被引用数也位居前列（Jonas Salk 博士的行为在美国极为罕见也极其有名，他并没有申请疫苗的专利，也不利用这个发明赚取个人利益）。索尔克研究所至今仍在开展多项基础研究，成果斐然。可惜的是，基础研究成果的实用化和商业化需要长期投资，事实上这在现在的美国几乎不可能。如果企业注重经营的"持续性"，这种拥有巨大潜力的基础研究就有机会再次受到注目。

第三项指标是企业的"可改善性"。这项指标用来评估企业能否灵活应对市场的变化。20 世纪 90 年代，以通用汽车公司（GM）为首的美国大型汽车企业走向衰败的一个主要原因就在于，随着石油价格高涨，油耗少的小

---

* 索尔克生物研究所创立于 1960 年，1962 年正式投入运行。——译者注

型车受到市场欢迎，但是当时这些汽车企业认为小型车利润少，又会争夺他们现有的、利润相对较高的大型车市场份额，所以没有及时转型生产小型车。

由 Defta Partners 公司出资并成为大股东的卓然公司（Zoran），是数码相机的核心技术 JPEG 格式的静止图像处理芯片领域的开拓者。20 世纪 90 年代前期，我就向柯达和宝丽来公司推荐过使用 Zoran 的新技术，但被双双拒绝。原因是一旦有了数码相机，它们的当家产品胶卷就卖不动了，这和前面提到的汽车企业的反应是一样的。那么，这些美国最聪明最优秀的头脑，为什么会判断失误呢？

越是拥有卓越成功体验的大公司，越是会在很多场合失去灵活性，也难以进军到新的业务领域。企业的自我改善能力，与社会整体的成长及学习能力密切相关。如果只看到眼前利益，而丧失了企业内部的自我改善能力，不仅会影响业绩，更有可能会带来极其严重的后果。

在大公司中贯彻小企业的文化

对读者诸君我无需再次指出，上述三大指标之间是紧密相关且相互影响的。那么，如何平衡运用好这三项指标指导企业发展呢？

先举一个例子：假设你和志同道合的几位伙伴成立了公司，假定是 5 个人吧，每人各出 50 万元作为启动资金。创业期间，估计会有人因为意见不合而离开。度过艰难的创业期留下来的成员，不计时间地拼命工作，肯定不会有人向公司申请加班费。这个时期的公司成员们，对公司只有一心付出，为了公司的发展壮大而努力工作。如果这种一心付出的精神成为公司所有人的共识，那么公司就会形成"有温度"的企业文化。

假设有一起创业的伙伴生病，在"有温度"的公司里，肯定不会让因病无法工作的人辞职回家，而是大家一起努力分担他的工作。这可以被称为"看得见伙伴的经营",由高度的团结、理想和热情所支撑,是创业的原动力。

请大家想一下,创造性很高、幸福感很高、灵活性也很高,在这三个方面都能得到很高评价的企业会是什么样的呢?好好想一下就会发现,兼备上述三个特点的公司,在很多时候并非大企业,更多的是中小企业。

我在第三章讲过今后的时代是"新兴中小企业时代",也详细论述了企业治理应有的结构和运作方式。这些理论与我创立和培育大大小小各种企业的经验是吻合的。

在很多刚成立不久的小公司里,员工和公司拥有共同的长期目标,对工作有无比的热忱,为公司尽心尽力做贡献。这样的公司即使没有高额的盈利和报酬,作为员工也有很大的幸福感。

随着企业的不断成功,成为数百人乃至数千人规模的大企业,那种"有温度"就会消失殆尽。无论是经营者还是员工,"少干活多拿钱"的态度开始日益显现,大家考虑的不是多做贡献,而是如何尽可能多地索取。

组织机构一旦变得庞大,首先应该制定规则消除不公平感。员工不满意的并非个人薪酬的多寡,而是员工之间待遇的不公平。公司规模扩大后,经营者更要习惯于站在对方立场上考虑问题,并率先垂范常怀感恩之心、包容之心,努力扩大和发展"有温度"的企业文化。

如何在大企业中创造小企业的那种讲奉献、"有温度"的企业文化呢?这是构建公益资本主义理论过程中必不可少的重要命题。事业成长总是伴随着公司规模的扩大,而扩大到一定规模后,组织理论的话语权增强,导致员工个人及企业相关人员的幸福感消失。这也是我在投资、扶持企业的过程中经常感到困扰的问题。

因"为社会做贡献"而获利，更加幸福

如果"公平性""持续性""可改善性"这三大指标成为衡量企业价值的一般标准，就有可能引发世界性的投资目标和资金的转移。比起基于"股东资本主义"的、追逐短期利益的经营模式，市场和人们更加渴望在公益资本主义制度下实现追求中长期发展的经营模式。当投资者们对价值观做出判断时，资金就会从短期投资转移到中长期投资。

如果谈到因价值观的改变而影响投资方向的历史事件，我不由得想起奴隶贸易。当时，奴隶贸易作为新兴商业在英国被众多投资家们极力推崇，而随着人权等新价值观的出现，奴隶贸易逐渐无人问津，乃至被界定为非法。"不与风险对冲"的对冲基金以及那些"股东激进主义"分子，会与奴隶贸易步入同一命运吧。

当然，指标毕竟只是指标，也会有极端的地方，不可能完美无缺。如果以公益资本主义精神为出发点的三大指标逐渐成为更多企业的经营准则，全社会的企业整体面貌一定会发生改观。如果可以说得再极端一些的话，社会上会出现"所有的企业都会变得像中小企业一样知奉献有温度"的情形，并在将来整体显现出"企业通过经营为社会做贡献，因做出的贡献而获得利润，赚得的利润再次投入为社会做贡献"的状态，以完成新资本主义的实现。

这是以追求人类幸福为终极目标的新资本主义，它绝不是空谈梦想。从人的本性上讲，比起以逐利为唯一事业目标的人，为社会做贡献进而获利的人会更加幸福和快乐。这种深藏内心的喜悦，不仅是我自己，而且应该是每个人都能体会到的。

与信念和志向契合的经济理论

最近，社会上很流行"企业的社会责任（CSR）"这个说法，但是我觉得，其使用的语境有时会让人误以为企业追求利润和对社会做贡献是完全不同层面的两件事。

在前面的章节我曾经提到，以前在日本有很多经营者都拥有"通过经营事业为社会做出贡献"这种高远的理想。在第四章我也介绍过，欧姆龙创始者立石一真设立残疾人工厂，雇佣残疾人工作。受其影响，索尼和本田也建立了残疾人工厂。其实，我的祖父也做过同样的事情，第一次世界大战前他在大阪开工厂，事业取得一定成功后，开办了聋哑学校，对聋哑人进行职业教育，并雇佣他们进入自家工厂工作。

上述企业的行为，与"为了企业形象宣传"而进行的所谓 CSR 完全不在一个层面，其行为真实地反映出那些经营者的信念——"企业之所以能获取利润，是托全社会的福"。如果从"股东资本主义"的观点出发，所谓 CSR 只不过是提高企业形象的工具罢了。

但企业不该如此地世俗和功利。如若有志于为社会做贡献，激发企业活力，员工也会生气勃勃、积极工作，最终给企业带来盈利。比起那种大肆宣传提高企业股价的社会，对公益型企业送上喝彩的社会要美好得多。我真心希望以后媒体不要只追捧那些擅长提高股价的经营者。

传播公益资本主义的成功范例

前面讲述过我在孟加拉国开展的以解决贫困为目的的远程医疗和远程教育项目。之所以选择孟加拉国作为最初的试点，当然因为我本人是亚洲人，而孟加拉国是亚洲最贫困的地区之一，不过这并非唯一的理由。

拥有 1.6 亿人口的孟加拉国，从长远来看具备很大的经济发展潜力。此外，其宗教背景是伊斯兰教徒占据人口的绝大多数，不会与占少数的印度教教徒发生冲突，因此，通过普及教育和发展经济，有望成为南亚地区的和平国家。再加上孟加拉国是平原地区，没有起伏的山脉，适合引入WiMAX 等无线宽带接入通信技术。将上述条件进行论证，我们确信在孟加拉国开展的项目可以获得成功。

孟加拉国曾被大英帝国统治过，法律体系遵循普通法。有别于法德等国的大陆法传统，英美法系的各种制度在孟加拉国根深蒂固。如果在这样的国家打造出成功的项目，其成功不仅会作为该地区的特殊事例，还会得到更大范围的关注，其意义不可小觑。

这个项目最大的特点是与非政府组织的合并，这种合并如同哥伦布竖鸡蛋，知道了方法就很简单。运营该项目的股东结构规定了 NGO 可以参与利益分红，因此项目产生的利益大部分都可以用于教育、医疗，以解决当地的贫困问题。这种组织系统利用了资本主义的股份制形式，却把对社会的贡献放在了最重要的位置，这就是公益资本主义在发展中国家的成功实践例证。

当然，公益资本主义的实践例证并不仅仅是像黑网公司那样，只能在发展中国家获得成功。

比如德国的博世集团，是以制造汽车配件和电动工具闻名的企业，它的创始人罗伯特·博世（Robert Bosch）所拥有的绝大部分股份已经划归到他本人创立的 Robert Bosch 财团名下。这个财团不仅广泛资助在各领域进行的对社会有益的基础研究，还支持社会活动和慈善义举。像这种公益型的财团作为企业的大股东，把企业的盈利用于公益事业，正可谓欧洲版的"黑网模式"。

培育从未出现过的骨干产业

在日本当然可以设立重视社会贡献而非股东利益的企业。但遗憾的是，从美国人和英国人的角度看，那也不过是"远东地区特殊的资本主义"的个案。索尼公司和本田公司虽然在全世界范围获得了成功，其志向和经营理念一直被视为"日本式经营"的特例。

在斯坦福商学院学习的 1979—1980 年，我跟随学习的教授中颇有几位很欣赏日本的经营方式，其中包括赞赏松下式经营的《日本企业的管理艺术》（理查德·帕斯卡尔 Richard Pascale）、《Z 理论——学习日本，超越日本》（威廉·大内 William G. Ouchi）等专著的作者。但即便是他们，也都认为日本的这些成功案例不过是远东地区的特殊情况，谁也没想过将其在美国普及。

但是到了今天，如果日本以公益资本主义理念为出发点，改革投资结构，建立独特的股票市场，同时整顿法律、会计、税务等各项法规，并以此为基础培育出承继计算机 IT 事业的下一个骨干产业，那么对全世界而言，日本式的公益资本主义将具有无法忽视的重大意义。

代表一个时代的骨干产业创造新价值、新财富，并给人们带来富足生活，经济才能活跃转动起来。就像曾经的纺织产业和钢铁产业一样，骨干产业是一个国家乃至一个时代经济增长的强有力引擎，是"会下金蛋的鹅"。

如果用近些年的例子来说明骨干产业与经济增长的关系，看看克林顿时代的美国就明白了。在克林顿执政的 8 年时间内，美国的名义 GDP 从 6 兆 6000 亿美金上升到 9 兆 8000 亿美金，升幅约为 1.5 倍，政府的财政收支也得到大幅改善。产生这种结果的主要原因就是 IT 产业革命。以硅谷为代表的 IT 产业成为新的骨干产业，美国成为 IT 产业的霸主，因此才使得美国经济扩大到前所未有的规模。

但是在"股东资本主义"和"金融资本主义"蔓延的今天，以投机性金融为中心的资本主义已经穷途末路，完全没有能力培养下一代的骨干产业。即使有新的骨干产业诞生，也会立即成为金钱资本游戏的猎物。

那么，我们该如何进行在任何国家都无法实现的新兴骨干产业的培养呢？具体应该做些什么呢？在此，我们试着描绘一下具有日本独到见解的战略蓝图。

有人会担心，如果日本的见解过于独到，会不会众叛亲离？世界的大潮流是不是正转向其他方向？这一点完全没必要担忧。谁能创造出全世界都憧憬的新机制，谁就是全世界都仿效的下一个目标。

以"投资减税"促进技术开发

首先请回想一下我在第三章讲述的创业资本。创业资本以商业公司的形式，持续投资支持从事核心技术开发的新兴企业，这也是具有公益资本主义理念的设计。它所担负的责任近似于以前的美国风险投资公司，长时间对高风险项目投入大量的资金，使其技术研发成为可能，当然，如果项目成功就可以获得相应回报。

同时，应该对税制进行改革，以加大对技术开发投资的支持力度。在目前的会计制度下，企业对技术的投资也会被归入投资项，作为资产计入财务报表，其处理方式与企业购买的有价证券是一样的。作为改革的一个方向，我们可以假设，如果在企业投资时，税法规定其投资额以"损失"计算，那么企业就可以将预计的损失金额与本年度的利润相抵消。这样，企业在主业赢利的时候投资新的技术，同时达到合理避税的目的。

从 20 世纪 90 年代开始，日本的大企业因为经历了长时间的不景气所以主动减少了设备投资，以至资产负债表上的流动资产（现有存款数额）一直在增加。这些充足的内部留存收益理应用于投资新技术开发或培养新技术领域的人才，而绝不应用于企业理财和虚假繁荣下的大手大脚。

新技术开发，尤其是能称得上"核心技术"的划时代新技术领域，其投资成功率其实是很低的。1/10，甚至 1% 的成功率，对于个人投资者来说风险过大。但是，如果制定以"应缴所得税的多少比率"为返还条件，投资额可以从应缴税款中抵扣的话，情况就会不一样了。风险虽大，但成功后的回报也会更大，而且，比起单纯给国家缴税，把应缴税款拿出一部分用于投资高新技术这种有梦想的事业，很多人都会觉得那是更加令人愉悦的事情。如果对有益于社会的项目进行投资就可以合理避税的话，投资家们也会更积极地进行投资。如此一来，就像国家通过各部委，把收到的一部分税款以补助金的形式投入扶持新创企业一样，纳税人根据自己的判断，将应缴税款的一部分用于投资新技术、扶持创新企业的模式也将得以实现。

投资对象不应限于日本，也要向海外扩展

如果能在日本成功打造对核心技术的投资体系，势必引起全世界关注。致力于研发下一代新技术的科学家和技术人员，不仅在日本，在国外也有很多。

美国作为移民国家，硅谷的优势就在于能够不断地吸引来自全世界的人才。现在的日本虽然不可能立即成为美国那样的移民国家，但是这不重要。如果让海外的优秀人才也能够利用日本的创业资本，那么其智慧必将在日本的将来生根发芽。

即使人口衰减到 6000 万，日本仍有诸多发展之路。如果到了一定要接受移民的地步，可以参考如下的方法——选择和日本人外表相似的亚洲人，特别是来自孟加拉国、斯里兰卡等东盟各国，成绩优秀并极具发展潜力的年轻人，人数控制在 10 万左右，颁发奖学金让他们进入日本的高中或大学，学习日本的语言、文化和习惯。如果学习期间有不良行为发生，可以马上遣返其回到出生地。大学毕业后，根据本人意愿可以获得日本国籍。这些新成为日本人的年轻人，学业和人品都会非常优秀。看到他们努力学习的样子，一起学习的日本学生也会深受激励。

和产业革命时代不同，在后计算机时代，几乎所有的核心技术都属于知识产权（intellectual property，IP）。因此，从事核心技术开发的研究所或企业，住所地可以不在日本，科学家和技术工作者也没必要居住在日本，只要作为平台的企业法人注册在日本就可以了。对这个平台投资的资金，需要在日本进行相应的纳税减免。

这也可以看作在避税天堂成立空壳公司的反向操作。拥有知识产权的企业，也许可以命名为"某某 IP 控股公司"，只要企业在日本注册，取得日本国籍，企业的实体在哪儿都可以。当然，要实现这样的想法，日本的企业法和知识产权的相关法律制度都需要重新修订。

有人会担心，"这样的操作，肯定让人把钱都拐跑了！"这种担心完全是杞人忧天。创造知识产权的人虽然是少数的科学家或技术人员，但是把知识产权商用化直至变成产品的过程中会有很多人参与，并在此过程中产生雇佣机会。通过自己的投资而诞生知识产权，再把其转化为应用技术，使之成为软硬件相融合的新兴制造业，最后以这个技术体系为基础创造出领先于世界的新兴服务性企业的聚集地，这就是日本未来的蓝图。

持有股份 3～5 年以上，才能行使表决权

建立促进新技术开发的投资机制，并从税收制度上给予支持，和这些同样重要的是股票市场改革。目前股票市场偏向只追求短期利益的投机者们，日本需要在全世界率先做出改变，建立适合有中长期经营目标的企业生存的股票市场。

我在前面的章节讨论过如何制止"敢说话的股东"强行要求分配企业内部留存收益的方法——因为保留这些资金对企业的中长期发展有重要的作用。比如企业被要求大幅增加分红金额时，我建议对以前的股东也一视同仁，同时我还提议，如果股东希望行使权利，要求企业"改善经营"，那么作为其义务必须持有股份 3～5 年以上。

在东京证券交易所内，为"持有股份 5 年以上的股东"专门设立一个市场也并非不可能的事。只需要修改企业法，将支持企业中长期经营的股东定义为"经营参与股东"，规定持有企业股份 5 年以上才有资格行使表决权。

如果立即改变现行法律是困难的，那么可以从其他途径入手，比如制度的运用或基于政治判断的新政策实施，等等。不要总想着"不可能的理由"，要思索"变成可能的方法"。

在日本现行的公司法中，对"发行不同种类股份的企业"进行了定义，从法律角度认可企业可以发行优先股，优先股在剩余金和剩余财产的分配上可以优先于一般的普通股。此外还有一种股份，对表决权的一部分或全部进行了限制。把这些规定巧妙地组合并加以利用，就能把以短期投机为目的的股东和有意积极参与企业长期经营的股东区别开来，为规定股东权利的差异性带来了可能性。

让我们来看看谷歌公司。该公司发行的股票有面向一般投资者的 A 级股和创业团队持有的 B 级股两种。谷歌公司的表决权规定，A 级股的每股仅有 1 票，而 B 级股每股则有 10 票。在表决权上相差 10 倍之多，可见股东权利并非平等。因此，在谷歌公司的表决权层面，现在也是以两位创始人为主的团队形成占绝对优势的多数派。这种表决权的规定，显示了谷歌公司在筹集大量资金的同时，坚持创始人团队掌控公司经营权的意图，使得 A 级股的股东们即使团结起来，也很难按照他们的好恶更换管理团队*。

消除短线交易的诱因

股票持有时间越长，股东获得的每股分红金额越大，这是促进股东长期持有股票的有效方法。比如第一年购入股票的股东的每股分红规定为 10 日元，第二年变成 20 日元，第 10 年上涨为 100 日元，这样就能使股东有动力长期持有股票。如果再能在税收上有些优惠政策，如股票持有时间越长，需要缴纳的所得税越少，效果就更佳了。

不用说，在日本股票市场上市的企业，应该废除与股价联动的股权激励。它不但会拉大经营层和员工的收入差距，还会使得经营层和期待股票短期上涨获利的股东形成共同的利害关系，从而阻碍企业的中长期发展。

在这个新体制的股票市场中，只盯着股价短期变动的对冲基金不再成为市场的主角。通过消除"短线交易"的最大动机来遏制对冲基金，只有这样，企业才不会像以前那样在意股价的短期波动，而是面向未来专心于经营公司的主业。

参考一下花了 50 年时间终于成功开发出碳素纤维的东丽公司（To-

---

* 谷歌公司于 2012 年起开始发行不具有表决权的 C 股。

ray）的例子就可以明白，从中长期经营的观点来分析的话，对于为公司的未来做出了巨大贡献的技术人员来说，在其工作期间公司的股价并未上涨。所以说，如果是致力于中长期经营的公司，股权激励是没有必要的。如果实行股权激励，经营层就会考虑短期的股价上扬，反而会损害公司的持续性发展。

为有效抑制有害的投机性行为，有必要考虑引入证券投机交易税，同时强化基金的报告义务等，对投机行为实施更加直接的限制。此外，应该废除仿效美国式的合规而成立的、俗称"日本版 SOX 法"的监管法。这是一部为了提高会计透明度，强化内部监管，以防止企业审计造假和虚增财报的法律。但是，按照这部法律的规定，花费高昂的成本去整顿内部管理机制，其结果可能只是削弱了企业投资新项目的愿望。

作为一个在日本、美国、欧洲和以色列都从事过企业管理的人，我的体会是：内部管理制度再严密，公司内部的犯罪发生概率和几乎没有管理制度的公司是一样的。大部分的员工往往对"合规"退避三舍，不仅不信任，还可能进一步影响同事间的团结。实话实说，无论制度有多严厉，做坏事的家伙总是会有一定数量存在的。

想投资中长期技术研究开发的人有很多

如果，股市规定股东必须在持有股票 5 年后才有表决权，并设立限制条件使短线交易者难以获利，对那样的股票市场还会有人愿意投资吗？

可能很多读者都抱有这样的疑问。

实际上，关于这个问题我问过美国的大企业经营者。令我吃惊的是，他们中的很多人回答说："如果有这样的股市，我就从纽约退市，然后到东京上市。"同时，乐于接受这种股市改革的日本经营者之多也大大超出我之前的预想。

需要周期长、金额大的投资以开发核心技术的不仅是新创企业，开发应用技术的企业同样每隔几年就需要进行一次大规模的投资，并花费5～10年的时间完成技术开发。服务性行业的企业在投资建设大规模的基础设施时也需要时间和资金。对这些企业而言，无论是纽约证交所还是东京证交所，如今的证券交易市场里的资金性质，已经不适合它们的需求了。

人寿保险公司等金融机构的需求也是一样。它们需要以5年甚至10年为周期进行中长期的投资，如果能够发行类似于公司债券、不发生短期震荡的中长期股票，它们也一定会投资的吧。

比起股东利益，优先考虑乘客安全的企业

东海旅客铁路公司（JR 东海）葛西敬之会长曾告诉我这样一件有意思的事。他在纽约向股东做述职报告时，有外国股东问道："既然新干线车辆的设计使用年限超过10年，为什么每10年就要更换新的车辆？"

按照设计规定的使用年限进行车辆的更新，当然就能省下钱给股东分配更多的红利。对于美国的"股东资本主义"信仰者来说，提出这个问题太正常不过了。葛西会长又是如何作答的呢？

"我们公司认为，股东利益固然重要，但有一样东西比它更重要。"什么是最重要的？当然是乘客的安全。从日本国有铁道时代开始，新干线就以从未发生过死亡事故而闻名。乘客的安全和安心优先于股东利益，这是企业最值得骄傲的地方。

对铁路公司而言，乘客就是顾客。像我在149页的企业利害关系人图中展示的那样，有了顾客，公司才有意义；而能够给顾客带来满意感的，是企业的员工。显然，厚待顾客和员工带来的最终结果就是股东利益的增

加，而几乎所有股东都不理解这一点。虽然同样成为股东，但实际上可以分为两种：一种是公司创业阶段就给予资金支持的股东，另一种是公司上市后购入股票的股东，这两类股东性质完全不同。

在目前的股票市场中，过于看重企业每个季度的短期业绩的养老基金占据了大股东的位置，导致不少经营者感叹无法按正常思路经营。

而与此同时，虽然是投资界的少数派，但是不喜欢资本游戏而希望专注于中长期投资的投资者也是存在的。我感觉，全世界资金总量的大约一成被投资给了进行中长期研究和开发的企业。

在新兴市场中，对资金会有更大的需求。通过把追求短期利益的对冲基金等排除在市场之外，可以吸纳更多的企业和资金进入新兴市场。这个机制对于促进日本产业的发展将发挥极大的作用。

在公益资本主义的基础上，把日本引向长期繁荣

日本应该立即解决的制度性问题有哪些呢？前面章节也有提到，在此再次归纳如下：

第一，从法律上明确企业作为社会公器的性质和企业经营者的责任。应明确定义"上市公司是社会公器"，并在此基础上制定新的企业治理规则，阐明"企业经营者及董事会必须对所有的企业利害相关者，包括员工、顾客、生意伙伴、股东、周边区域、地球环境等均负有责任"。这是重新恢复因受股东资本主义的影响而坍塌的"企业相关者之间平衡"的必要前提条件。

第二，制定优待中长期股东的制度。关于这一点已经举出了几个建议，比如规定持有股票3～5年才能行使表决权。还有，比如根据议题的重要程度，增加中长期股东的意见权重等，建立让真正为企业发展着想的

股东成为主角的制度。

第三，建立合理机制，促进新技术的商用化，以推动新产业的诞生。比如，如果纳税人把应缴所得税的 10％用于投资 iPS 细胞相关的、开发尖端技术的初创企业，允许投资额和所得税相抵。可抵扣的上限额度可规定为如每年 1 兆日元。

第四，确立新的企业价值衡量准则，以取代 ROE。关于企业价值的衡量准则，在前面章节已有表述，即财富分配的公平性、经营的持续性、企业的可改善性。当然，衡量企业价值也可以有很多其他指标，但无论使用什么指标，其核心是让我们重新思考什么才是真正有价值的企业，并在此基础上探讨日本如何才能引领资本主义的新趋势。

第五，改变只利于投机者的、过分的放松管控。不必要的规则当然要废除，但是在现今的日本，大多数要求"放松管控"的人不过是在寻求新的"投机的机会"。这种"放松管控"不会带来真正意义上的社会财富增加，而只会让产生赢家和输家的"零和博弈"游戏的玩家们窃喜。事实上，有很多人以"放松管控"为名，大行"对投机者的利益诱导"之实。

第六，制定可以修正国内生产总值（GDP）、国民总收入（GNI）偏颇的经济指标。只要 GDP 数字好看就万事大吉，这是一种对虚幻景气和虚假繁荣的迷恋，不会给国民带来幸福；GNI 数值虽然计入了国民海外收入，但和 GDP 相比没有根本性变化。可是，像不丹的"国民幸福指数"（GNH）那样的数据，只适合人口少的国家，日本也无法贸然引进。也许想马上研究出一种既可以反映经济繁荣程度，又与人民的幸福不冲突的客观性指标是非常不容易的，但是我觉得，正是通过这样不断地试错，日本应有的资本主义模式的特征才会逐渐显现出来。

没有技术，就没有高附加值的服务业

如果以发展公益资本主义的角度审视如今的日本，大家会有什么样的看法呢？

随着中国和印度等新兴国家的崛起，日本的国际地位一直给人以日渐式微之感，同时，人口老龄化的加剧和国家的财政状况也令人担忧。也许有些读者会因此认为这个国家已经看不到光明的未来了。

但是在我眼里，未来却完全是另外一副样子，我能够看到一个充满了希望的日本。这绝不是信口开河，而是我发自内心的想法。

在日本，应该有很多技术和独创性的想法都具有创造下一代骨干产业的能力，我个人提出的 PUC 概念只不过是其中之一。

使用包含 iPS 细胞在内的多种干细胞技术实施的尖端医疗，是日本擅长的领域，很有希望在世界范围内掀起一场新的"医疗革命"。此外，在大数据信息技术领域和新材料开发的诸多方面，日本都走在世界的前沿。除了这些利用先进技术生产制造产品的行业以外，日本还有不少活跃地方经济的举措，比如强调地方特色的农产品生产和销售等，都有望成为新兴的骨干产业。

仅仅像过去那样单纯地放松管控，或者对那些看似很有前景的行业狠命发放补贴，是不能把这些产业培养出来的。只有大家在坚守立场的同时齐心协力拿出办法，建立一套新的架构和制度，才有可能将产业培养壮大。

例如，想要打造世界领先的尖端医疗技术，可以开辟出一块类似国际医疗开发特区的区域，改革阻碍新药研发的临床试验制度，使全世界的制药公司都趋之若鹜在日本申请注册新药。仅仅像以前那样，一味地模仿美国的制度是不够的。美国食品药品监督管理局（FDA）要求的新药临床试验需花费巨额资金，已经成为阻碍开发划时代新药的主要原因。

日本已经计划立项解决美国 FDA 的问题，让新药以便宜的价格尽快到达患者手中。如此这般，日本不是仅仅追赶美国，而是要解决美国解决不了的问题，这就是日本要做的事。

但是，看看日本目前正在开展的"互联网事业"的真实面貌，实在不得不让人担心。日本的这些互联网企业到现在还在拷贝美国的商业模式，而且其中的绝大多数还都只是表面的模仿。日本企业要想抓住机会，经营者必须对世界的变化有自己的独立观察和独立思考，描绘切合自己需要的前景规划并付诸实施。

有人认为："科技含量无所谓。把互联网看作单纯的服务业，提供好的服务、增加用户人数才是最重要的。"事实并非如此。抛却技术，高附加值的服务业就无法存在。即便是在互联网开展服务性项目，如果没有强有力的技术支持和革新性的商业模式，前途一定是黯淡无光的。

很多日本人认为信息是免费的，服务是无形的。但是，以技术研发为基础开设的服务性项目也是有专利的，是无法模仿的。

经常听说有些中小企业开发的商业模式或者技术被大企业剽窃并据为己有，这是个非常严重的问题，其背景是日本人对知识产权和独创性的想法缺乏应有的敬意。

可是话说回来，现在美国所谈论的有关受专利法保护的商业模式的解释范围规定得有些过大了，其带来的弊端就是出现人为贩卖专利而阻碍其他企业的技术革新的现象，因此也出现过要求缩小专利覆盖范围的法院判例。过度保护知识产权，有时反而会破坏正常的竞争环境。

我在 90 年代担任过宝蓝公司（Borland）的独立董事，这是一家曾和微软齐名的软件公司。当时 Borland 公司开发的一款表格计算软件"Quattro Pro"被莲花公司（Lotus Development）起诉侵害了其产品"Lotus1-2-3"的专利。时任 Lotus 公司 CEO 兼董事长的吉姆·曼兹（Jim Manzi）以及该公司独立董事迈克尔·波特（Michael Porter，时任哈佛商学院教授）对知识产权的解释和主张侵权的理由，如果用通俗一些的道理来解释的话，那就是：因为丰田公司已经把汽车油门、离合、刹车的位置分别定在右、中、左，其位置关系理应受到专利的保护，所以本田公司就不能在同样的位置上安放那些踏板。

在当时的软件行业排名第二和第三的大公司之间展开的交锋，是美国发生的第一起正式的软件领域知识产权诉讼。法院在一审和二审都认可了 Lotus 公司的侵权主张。专利的范围应该如何界定，知识产权该如何保护，本案当时并没有得到公平的裁定，这是因为法官们对于第一起软件的知识产权侵权案也颇感生疏棘手。但是，经过数年的上诉，美国最高法院终于裁定 Lotus 公司的主张妨碍了公平竞争，会给终端用户带来混乱，因而支持了 Borland 公司的主张。我当时作为公司的独立董事，和 Borland 公司创始人兼董事长的菲利普·卡恩（Philippe Kahn）以及法务担当兼副总经理鲍勃·科恩（Bob Kohn）都欣喜万分，因为我们创造了一个有利于今后软件产业发展的司法判例。

虽然，把妨碍公平竞争的知识产权制度化是有问题的，但是，如果没有已经申请产权保护的算法和以高科技背景做支撑的服务性行业，在互联网领域一定是不堪一击的。有些人总以为，利用互联网运作商业项目就是要找机会一夜暴富。让我说，这样的企业是不会长远的，即使这些企业在日本国内混得不错，一旦进入世界舞台，被淘汰的可能性非常高。

多样性时代的全球化思维

大家都知道，在日本存在着许多只有日本人才能理解的狭隘的价值观和制度，在引入海外优秀人才时，这些东西就会成为障碍。移民来自众多国家，倡导多元文化的美国，这一点倒是值得学习的。

一位教授曾给我讲述过这样一件事：他邀请海外学者访日，为其购买日本机票时发现，没有折扣的单程机票价格高达 20 多万日元，而往返机票打折后只需 8 万日元，显然，哪怕浪费一张回程票也比买单程票划算。然而，申请报销费用时，负责这件事的政府有关部门却不认可这种购买方式。教授向他们解释了虽然只需要单程票，但是买往返票要节约很多，可惜他们听不进去，最终还是让教授写了事情的经过说明存档。整件事最有意思的是，最后给教授报销的费用只有往返票价 8 万日元的一半，即 4 万日元。见微知著，政府部门如果总是采取如此的办事方式，日本科学技术振兴的前景可就堪忧啦。

经常有人问：成为 21 世纪的"全球型人才"最重要的因素是什么？我总是回答：比起英语、汉语等语言能力，有更重要的东西，这就是具备"能包容不同，并能将彼此的不同之处分析清楚的能力"。要了解彼此文化的不同，外语毕竟只是工具，我们的教育更需要注重如何运用自己国家的语言去思考和表达。很多人说一定要学英语，我倒不认为英语是成为"全球型人才"的必要条件。

我一直以为，日本人和日本文化中有尊重和接受其他民族和文化的特质。举个简单例子，西方人到了非洲，觉得那里的厕所没有抽水马桶，很脏。而日本人到了非洲，大多数人觉得不一定非得要抽水马桶，使用当地的厕所时注意保持干净就可以了。很多国家的人从小就接受一种教育，教导他们要坚持自己的主张，要把自己的价值观表达给对方并让对方接受，他们被告知这是一种良好的品行。在受到这种教育的人看来，很多日本人从小就接受的那种训练如何站在对方的立场去思考问题的行为模式，实在是让人难以置信。

强调"他人即地狱"的"性恶论"文化与信奉人人互信互助的"性善论"文化，在这两种文化环境下约定俗成的商业交易规则中肯定不存在共通的标准。如今的时代是人、物、钱、信息相互交织的世界，全球化浪潮汹涌而来。在这一波全球化的浪潮中，把自己的伦理价值观强加给别人，用自己的文化和价值观一统世界的做法是绝对行不通的。

我在美国开科学技术国际会议时遇到过这样一件令人惊讶的事。会议在筹备阶段被紧急叫停，原因是参会者中女性过少导致会议无法召开。为此，大会特意重新拟定日程，招募女性研究人员参会。

我不想评论美国的男女同权历史和凡事都讲究男女比例的制度。我只想说，把这种制度作为"世界标准"或者"先进的思想"强加于人，是让人有些不舒服的。试问，如果是伊斯兰教信徒们召开的国际会议，那又该怎么办？强行要求女性必须过半数的死规定，在对方看来很有可能是对自己文化的侮辱啊。为了不让大家都想当然地认为"用英语表达的欧美思想全部正确"，我才建议，用自己国家的语言思考问题的能力才是最重要的。

最近，机构投资者们在决定投资时，开始采用"社会责任投资"（responsible investment）的原则。这个"社会责任"是指，比如把军需产业排除在投资领域之外，或者优先考虑致力于解决环境问题的企业等，在短期利益最大化以外更多地将道德尺度也纳入了投资标准。但是这种判断标准也会有将价值观强加于人的倾向。在以重视男女同权的基督教文化看来，允许一夫多妻的伊斯兰各国的企业当然不在他们的考量范围内，甚至董事会主要成员中女性较少的日本企业有时也会被他们认为不是合适投资的对象。

可是看一看联合国的 193 个成员国中，伊斯兰国家超过 50 个，这其中还包含了不少产油国。这些国家的政府基金支持中长期投资，在投资界的话语权日益增强。无论是谁也做不到把这些国家视为野蛮文化而弃之不顾。我认为，今后的世界越来越需要我们承认相互差异，尊重对方价值观。

和公益资本主义一起走向世界

在本章，我们探讨了基于公益资本主义理念的、能担负新时代重任的骨干产业的培育战略。

当然，公益资本主义并不局限于发达国家，对于即将成为 21 世纪主角的发展中国家也同样适用。我在前面的章节已经详细阐明，在发展中国家开展商业活动时，公益资本主义也可以作为行动指南。

一直以来，以经济发展为目标的亚太地区、非洲和拉美地区中被称为发展中国家的诸国，长期以来被迫接受欧美发达国家的强行施加的价值观和诸多不利条件。如果日本能够实施"带着公益资本主义理念进军海外"的战略，一定会被这些国家视为共存共荣的伙伴而大受欢迎。我在孟加拉国、缅甸、老挝、柬埔寨以及非洲和太平洋各国进行商业活动时，曾向当地人士讲述公益资本主义理念，对方的反应完全不同。

下面我想例举一个具有象征意义的项目，作为本书的结尾。

在和非洲各国首脑交谈时，经常被他们敦促的是："一定帮我们建设与日本一样的铁路"，这让我明白非洲极其需要优质的铁路网。到目前为止，在非洲的一贯做法是：当发展中国家的国有铁路被民营化以后，欧美的资本就会购买经营权，往往以 20 年为期限承包铁路的运营，营业额和所得利润均归投资者所有。

以崇尚股东利益最大化为第一目标的、股东至上主义的企业，它们在发展中国家经营铁路事业往往具有下列特点：首先，它们的经营以"承包的期限"为终点，因此不会进行与获取利润无关的中长期投资，特别是不会投资新的车辆及提高安全性的运行设备。对它们来说，旅客的安全和舒适是次要的。其次，不赢利的铁路线会被相继停运。一般情况下客运部门的利润较低，一旦出现赤字就会被关闭，最后只留下利润率较高的货运部门。为追求效率和利益，值得信赖的准点运行成为了牺牲品，本来应给人们出行带来莫大方便的铁路，其便利性因此而大打折扣。最后，这些公司为了追求经济效益，在员工编制上过于严苛，完全没有给当地带来新的就业。

21 世纪，成为被世界需要的日本

目前我正在构想只有日本才能完成的公益资本主义性质的铁路建设和经营方针。完成这个设想一定会涉及相关的法律制度和条约的修改，我已经做了准备，目前正在和日本及非洲各国政府、相关的铁路企业、各国银行及投资家团队进行协商。

我的基本思路是这样的：依然是由政府 100％出资，并以国营铁路运营作为大前提，这与前面提出的例子相仿。不同的是，当地政府与日本铁路公司订立 10 年左右的长期技术合作协议，进行积极的"技术转移"。JR 等铁路相关企业，除了派遣员工的实际支出，还能从政府那里得到 10％的技术使用费。这笔钱类似于日本迪士尼向美国迪士尼总公司支付的加盟费。

　　有了日本铁路公司提供的顺畅的运行体系，非洲的铁路公司等同于得到"信任"和"保证"的背书，并借此实现"现有价值"的飞跃性提升。之所以这么说，是因为相比卡车而言，铁路运输成本低、时间可控，一旦铁路运行的稳定性得到认可，当地矿山公司会纷纷与铁路签订长期的运输协议（目前的非洲铁路效率低下，和卡车运输相比并不算便宜）。

　　和货主签订的运输协议意味着中长期的现金流，其合同本身具有一定的担保价值，使得以运输合同为担保进行项目融资成为可能。融得的资金可以用于建设新的铁路线，以及更新车辆和安全装置等设备。

　　此外，这个计划还有一个宏大的目标。当铁路民营化时，股份不卖给欧美企业和基金，而是转让到广大国民手中，并设计制度促使国民长期持有。通过持有铁路公司股份和分红，可以在当地产生人数众多的中产阶级阶层，这是这个计划的终极目标。此外，再没有比铁路公司更典型的劳动密集型产业了，铁路的建设和运营能产生几十万、上百万的雇佣劳工，因为非洲的家庭子女众多，这些雇佣劳工算起来能养活上千万人口。

　　利益不由特定人群独占，与企业相关的所有人员都能获益，这就是公益资本主义所要创造的模式。如果在这种模式的指引下，能够实现在非洲各国铺设优质铁路的设想，那就意味着：日本不仅把技术和产品，而且把体系和理念一起出口到了非洲。把这种民间力量与政府开发援助（ODA）相结合，一定可以打造出与欧美各国完全不同的对发展中国家的援助架构。

　　日本的老龄化将日益加剧，年轻的人口也将会不断下降，在这样的未来条件下，能维持较高水准的生活，并给人们带来希望和生活动力的绝对不是金钱游戏。我坚信，能满足上述条件的一定是要领先于世界各国创造下一代骨干产业；同时，运用新技术开展商业活动，为发展中国家做贡献。这才是日本应该描绘的产业战略蓝图。

反复受到金融泡沫影响，欧美各国已趋于疲惫，日本要走出一条完全不同于欧美的"产业立国"之路，这条成功之路将成为欧美各国模仿的对象，日本也将在国际上更加受到重视。与此同时，日本必须成为在发展中国家受欢迎的伙伴。这就是我描绘的21世纪日本的理想图。

创造新的技术，以及运用新技术解决发展中国家的贫困问题，最终都要依靠人的力量。但是实现理想所必备的，是符合目的的手段和工具。

目前，美国式的资本主义借着"全球化"的名义，已经扩散到了日本和全世界，很多优秀人才和众多资金都浪费在金钱游戏之中。但是，这种潮流一定会改变，而且是可以用我们的双手去改变的。

这需要打造一种机制，让民间资金能够积极地流向改善人民生活的新技术开发，以及对发展中国家的援助，而不是简单地作为税金上交给国家。同时，要构筑良好的社会环境，使人们有积极意愿从事这些活动。

从一点一滴能做到的事情开始起步吧！先创造培养人才、汇聚人才的社会环境。我相信，这是成为受世界所需要的、步入21世纪的日本的必经之路。

IFX 和社交的进化

正如我在第二章所指出的，现在的计算机存在着无论如何都解决不了的问题。相信计算机有未来的人，也许会觉得只是计算机的处理能力不足而已。真的是那样吗？我不同意。现在的计算机作为一个概念固化的产品，在它的结构架中，其实还存在着另外一个重大的问题。

因此，在进行 IFX（index fabric）这项划时代技术的解释之前，我想先就数据库所拥有的功能和种类进行比较详细的说明。

没有属性的电话号码只是数字的罗列

比如，当需要编辑名册的时候，我们要将个人姓名、工作单位、电话号码、住所等按照分类分别录入。这时，每一个数据的分类即成为它的"属性"。如果没有严格规定属性的话，电话号码不过是单纯的数字的罗列，变成完全没有意义的存在。像这样"被定性的数据"被称为"构造化数据"（structured data）。

目前的计算机所擅长处理的正是这类数据。只要输入分类相符也就是属性清晰的数据，计算机马上就能对其差异进行判断和分析。相反，请想象一下在白纸上写下某人的姓名、住所以及爱好等零零散散的信息。这些信息对我们人类而言可以算浅显易懂，但是对于计算机来说，没有被"构造化"的数据，也就是属性不清楚的数据，是没有任何意义的。

当然了，采用麻烦一点的办法，比如使用智能型软件赋予它"这似乎是名字""这似乎是住址""这似乎是爱好"等属性，让其成为计算机能够判别的对象，也不是不可能的事。可是为了达成这个目的，计算机究竟要拥有多大的处理能力呢？其成果与消耗的能量成正比吗？我觉得很难。

关系数据库的上限

现在，世界中的企业、政府机关和学校等团体所使用的数据库中，99％是以甲骨文公司产品为代表的关系数据库。关系数据库，是像 Excel 那样做出很多表格，将属性相同的数据存储在表格当中，通过定义表格之间的对应关系而进行数据管理。

这和我们制作表格管理地址一样，只有在规定的地方以规定的形式正确地输入数据，才对计算机产生明确的意义。能够对已经构造化的数据进行高速处理，是关系数据库拥有的优秀特征。

现在，我们来假设一下，有一家经营种类繁多商品的企业准备使用关系数据库，在互联网上制作商品目录。受到关系数据库性能的限制，数据的某个属性的"记入栏"中原则上只能录入一个信息，所以，型号栏里只能输入一个型号，价格栏里也只能输入一个价格。不这样的话，就不能跟其他数据作比较和对照。

再说得具体一些，请诸位想象一下住宅中不可或缺的"门"这种商品。合页的安装只要差 1 毫米，门就无法正常安装。如果打算将门的商品种类数据化，只能将产品所有的细微差距都以不同型号标识，或者将合页的宽度及位置等数据附录其中以示关联。

无论怎样，关系数据库虽然非常适用于处理地址簿这样简单的信息，但当对象变成复杂且蕴含微妙差异的事物时，则很难达到一致性。

再比如，如果是开发出前所未有的新功能的商品时该怎么办呢？比如，在销售搭载了即使发生碰撞事故也依然能保障安全的、具有划时代意义的新性能的汽车的时候，宣传"安全性"这个属性很重要吧？但是不用同等尺度评价其他车辆的"安全性"的话，这是没有意义的。新属性越是具有划时代的意义，则越会要求修改既有的定义，并要求将所有商品的数据重新整理。

在企业中接触过系统开发的读者一定会明白，一旦构建好数据库，即使稍微修改一下也要花费相当大的功夫。并且，这种"基准数据库的更新"需要高额的费用。所以，即使是网络电商，大规模的数据更新一年之内也只能进行为数不多的几次。

同样情况，搭建顾客的数据库也面临很多难题。顾客每个人都有不同的个性和爱好。为了充分区分这些不同，需要给数据设定什么样的属性呢？用完全相同的属性对客户群进行分类，恐怕一组能够匹配的集合都不会存在。这里存在着关系数据库难以逾越的鸿沟。

几乎所有的信息都不可能被完整地构造化

如果是专业的数据，则会产生更加繁杂的问题。比如制作收集禽流感和疯牛病等传染病学相关的数据库，这些数据无法从一开始就清楚地定义其属性。这是因为这些数据的特性之一就是随着调查的深入，会发现它们所拥有的更多的属性。信息每天都会从世界各地汇集而来,每隔 30 分钟、1 个小时就会有新的属性显现。将这种伴随着时间的推移而属性增加的数据,输入到现在的关系数据库中,实在是极其困难的事情。

这种属性不断变化的或者是在其属性的子分类中还存在多种层级结构的数据,一般被称为"半构造化数据"(semi-structured data)。对这种类型的数据处理,关系数据库并不擅长。

此外,在世界上还有很多无法恰当定义其属性的数据,遗传基因的 DNA 排序和蛋白质中的氨基酸构造就是典型。这种数据一般被称为"非构造化数据"(unstructured data)。在这种数据面前,关系数据库基本无法发挥作用。

遗憾的是,世界上的大部分信息是不能被"构造化"的半构造化数据或非构造化数据。我们重新审视一下就会发现,每一个事物的产生,都是各种要素与各种条件发生相互作用的结果,这在这个世界上是极其普遍的现象。像生日和电话号码那样只拥有单一属性,而且其定义及内涵几乎不发生变化的存在反而是少见的。

处理"未被构造化数据"的新方案

让我对数据库的基础技术产生如此深厚兴趣的契机之一是考古学。当年,我在中美洲研究考古学,对于只能输入数字和文字的最早期的数据库有很多不满。出土文物和遗迹的颜色、形状、材质等资料,虽然可以从不同角度将其数据化并录入数据库,但其功能匮乏不堪大用。对象哪怕是一颗小石子,有没有能将其所有属性全部记录,同时可以自由设定功能的数据库技术呢?我从那时开始寻找至今。

在这期间,我在美国和欧洲等地投资了不少家使用最先进技术开发数据库的公司，并担任董事或董事长。其中包括最早推广关系数据库的公司之一的 UNIFY，以及后期被 Borland 收购、开发了 dBASE 数据库管理系统的 Ashton-Tate 公司。

作为代替关系数据库的技术，已经有了能够将宽泛且复杂的数据构造直接纳入其中的"面向对象数据库"，及能将树形构造数据收入其中的 XML（extensible markup language，即可扩展标记语言）数据库。在这些技术中，我投资了将"面向对象数据库"成功商业化的 Illustra 信息科技公司（Illustra Information Technologies）。这个公司在 1997 年被在数据库领域和甲骨文公司齐名的 Informix 收购（Informix 在 2001 年被 IBM 收购）。

为大数据而生的数据库技术

虽说开发了各种优秀的数据库，但重大的问题依然存在。

海量数据的集合被称作"大数据"。在第二章，我们提到了被解读的生物基因组信息，另外还有气象学上的观测数据、经济学上的统计数据以及互联网上大量的数据交换等等，我们想处理的大数据数不胜数。

即使这些数据已经被整齐地构造化，可是一旦其数量超过限度成为巨型数据，处理起来也会极其复杂。这与保存数据的服务器云端化，也就是服务器自身已演变为复杂的网络有很大的关系。即使只是对数据进行简单的调出、收集、分类等操作，如果使用通常的数据库技术而没有超级计算机做后盾，情况就会马上变得难以应付。

降低大数据处理难度的办法有很多，这些办法说起来各有短长，但 IFX 可以说是其中的有力候补。

当然，上文列举的大数据很多是半构造化或者非构造化的数据。用现阶段的技术处理这些数据，无论怎么下功夫将数据分类，都不是简单的事。

如何才能便捷地处理这些数据，同时让其与现行的数据库保持兼容性呢？

将所有患者的电子病历都统一管理的数据库有可能出现吗

就以日本全国医院都有的电子病历为例吧。这些电子病历中记载着患者的数据，凭目前的技术，我们对这些数据是无法充分利用的。此外，虽然高性能的基因组解读设备不断更新，但是依然存在着大量的未被解读的基因组信息。如果这些信息可以被充分利用，那么通过概念验证（proof of concept，POC）就应该可以降低新药的风险。对于现阶段新药开发过程中不可或缺的临床试验，也可以将数量降到最低限。此外，目前正在使用 iPS 细胞进行各种临床试验，其成效进入实用阶段普遍被认为尚待时日，但利用电子病历等数据应该是加快进度的有效手段。

已经被电子化的病例，为什么这么难以利用呢？其中最大的理由之一，就是关系数据库、面向对象数据库以及 XML 等各种各样的数据库混杂在市场当中。将没有兼容性的数据库连接在一起，实在不是简单的事。所以，与其说市场在盼望一种与现存的数据库存在竞争关系的新产品，不如说是在寻求一种能弥补各种数据库技术欠缺的新技术。例如，在维持面向对象数据库的扩展性的同时，提高其检索速度，并确保其能与现存的关系数据库兼容。我曾经花了很长时间寻找能实现上述理念的新技术。

IFX 的冲击

现存的主流计算机以关系数据库的设计思想为基础，其发展路途上有无论如何都无法跨越的鸿沟。能够解决这个问题且最值得期待的核心技术，是 IFX 理论（index fabric）。

　　我是通过结识以色列特拉维夫大学的研究者们才得知这个理论的。他们的想法是用独特的树形构造建立索引，之后就可以高效且灵活地处理前述的"半构造化数据"（semi-structured data）。

　　树形构造是能够将没有被构造化的数据，特别是各自拥有许多不同属性的半构造化数据整理归纳的杰出构想。

　　树型构造有很多，从表示血缘关系的家谱，到生物学领域的系统分类树，其中蕴含的"意义"是各种各样的。IFX 也可以被看作一个搜索引擎，它可以在归纳了各种各样的现象的分类树中快速检索所需的数据。通过应用 IFX 理论，数据可以自动追加属性，并自由地增减分类，实现扩展性强大、很灵活的数据库技术。

　　IFX 理论如图 15 所示，基于压缩前缀树（patricia tree）的搜索算法，之后融入了许多以增强性能和扩展性为指向的革命性设想，是一个全新的理论。这个理论的前景极其广阔，恐怕有一天会改写数据库的既存概念。

关系数据库

	项目a	项目b	项目c	项目d	项目e
行1	数据 1a	数据 1b	数据 c	数据 d	数据 1e
行2	数据 2a	数据 2b	数据 2c	数据 2d	数据 2e

IFX

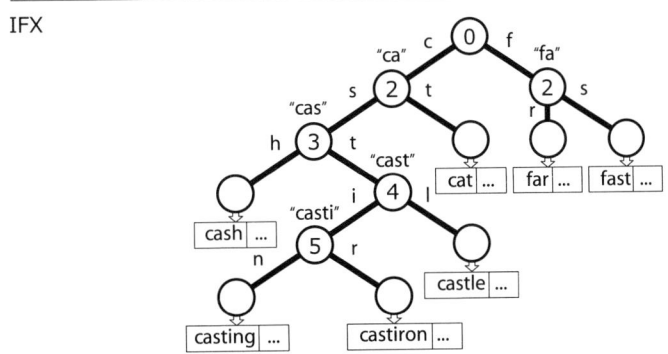

图 15　关系数据库与 IFX 数据库对比

软件行业的"产业革命"

IFX 于 2001 年 9 月，在意大利召开的数据库领域顶级会议超大规模数据库学会（very large date bases，VLDB）上首次公布，给斯坦福大学和 MIT 的计算机科学研究人员，以及 IBM、甲骨文等数据库领域大企业的专家们带来强大的冲击。虽然 IFX 得到了"软件行业的产业革命"这样的评价，但是其发表的内容，我认为只有其实力的很小一部分。

利用 IFX 到底能实现什么呢？其前景目前还不能给读者诸君清晰地展示。这正相当于蒸汽机刚发明出来的时候，谁也无法预见汽车和飞机的登场。但是如果反过来想一想现在的计算机所无法做到的事，IFX 的可能性也许就自然浮现出来了。

比如，经营原材料的公司，因其供货方众多，且原材料的成分会根据当时的气温及湿度产生微妙的变化，现在的计算机是不是可以将每个商品都表明属性纳入数据库呢？或者，现在的计算机能否根据气温、风向、水蒸气等气象条件以及大气中的浮尘等变幻无常的条件来预测云团的形成呢？解决这些难题的关键，只能是处理和分析"非构造化数据"的新方案。

如果能搭建一个将 IFX 的可能性发挥到最大值的数据库，我们就会拥有一件强力的工具，以解决"现在的计算机无论如何都解决不了的问题"。

P2P 是互联网的本来面目

我寻找代替关系数据库的新技术且最终与 IFX 相遇的过程，实际上就是探寻发挥互联网最大功效所必需的新技术群的过程。

在计算机的黎明期，大家都没有认真想过计算机之间可以相互连接且最终形成互联的网络。在刚开始将多个计算机连接起来的那个时代，数据及相当于大脑的功能都集中于中央服务器，客户需要连接到中央服务器以获取信息。这被称为客户服务器（client server）方式。

但是，如第二章所述，由于从 20 世纪 90 年代后半期开始，互联网呈现爆发式的普及，情况发生了很大改变。在互联网中，不特定数量的计算机之间进行信息交换的 P2P（peer to peer）结构已经在现实中逐步成型。

简单地说，客户服务器方式是由一个发言者和多数听众构成的，像演讲会一样的构造。与此相对，在 P2P 模式下，所有参加者在充当发言者的同时也是听众。

每一个人类的个体都拥有头脑、眼睛、耳朵和嘴，所以 P2P 模式与人类交流的本质非常接近。我认为正因如此，互联网才得以迅速普及。想像一下人们来参加演讲会的场景，参会者不仅仅是作为听众的沉默存在，有些人会和旁边的人说话，当然也有人会站起来提问题或者陈述自己的意见。

"云（cloud）"的说法不过是暂时的流行

在现在的互联网世界中，客户服务器方式的网络依然在发挥主要作用。我在前文说过，构成现在计算机主流的关系数据库处理"非构造化数据"很困难。在 P2P 的网络环境中，是不特定的多数人在相互交换数据，所以其属性不可能是恒常不变的被"构造化"的数据。

现在经常听到"云计算"这个说法。"cloud"是"云"的意思，当时是用来比喻互联网的流动性和不确定性而使用的表述。但是我觉得，所谓的"云"，其功能只是在互联网上保存数据、共享数据，不过是事实上的客户服务器网络的延伸罢了。所谓"云计算"，只是数据和软件所存在的位置不同，其形成网络的基本形态和现在完全一样。

将互联网的潜能发挥到极致

在 P2P 网络真正的机能得以发挥的技术尚未完成的情况下，急于发展新兴产业，我认为这是导致 2000 年秋天美国互联网泡沫经济崩溃的原因。那些宣传将不可能变成可能的"Dotcom"（IT-Net，e-Business）电子商务公司都走向了终焉，而与其相比，日本的乐天市场和亚马逊坚持传统商业模式，开展力所能及的业务活动反而获得了成功，说起来这才是正确的选择吧。换句话说，那些硬撑着把自己叫作"电子交易"的商业模式，只不过是被限制在老式的客户服务器及与其相匹配的关系数据库的范围内，进行着有限的交易罢了。

只有普及以 IFX 技术为基础的数据库后，才有可能在真正意义上开拓互联网的潜力，而新的电子商务的交易模式也会随之诞生。到了那时候，就像曾经发生的铁路和汽车驱逐了乘用马车一样，以关系数据库为基础的现存电子商务交易，也会在不知不觉中从世间消失。

为了使互联网变得更加智能和可操控，有些专家正在研究开发语义网络（semantic web）。这个系统尝试在数据上提前添加能够被计算机理解的语义"元数据"，使整个互联网上的信息搜索更加高速和简便。包括这些新的尝试，将来要想将互联网的潜力发挥到极致，像 IFX 那样的技术是必不可少的。

数字革命的本质是什么

20 世纪后半叶，像 TCP/IP 一类核心技术将计算机与网络相连，产生了现在以计算机为中心的 IT 产业，上述内容在第二章已经指出。这是可以称之为"数字革命"的巨大变化。

曾经有一个时期，经常能听到将传媒与通信的融合是互联网的新前景之类的言论，但是他们所谈论的"融合"的含义不过是单纯的法律法规及许可证方面的问题。那么"数字革命"的本质是什么呢？我认为其本质应该是将原属不同领域的两个产业，即传媒·通信产业与计算机 IT 产业结合为一体。连成本合算的能量单位都不一样的两个产业，当它们合二为一时，才称得上是革命性的。

如果将迄今为止以家用 PC 机为首的计算机所开拓的时代称为"数字时代前期"的话，PUC 这种后计算机时代的技术群创造的时代则可以称为"数字时代后期"。我们现在正处于这个时代的起点。

虽说 PUC 和计算机的设计出发点完全不同，但它也是把信息分解成 0 和 1 的数字信号。我认为，今后可能会发生"新模拟（new analog）革命"的大变化，并诞生前所未有的新技术体系。

数码相机的照片是由被称作"像素"的无数的点构成，这正是数字技术的代表特征。它没有将对象物作为"对象的本体"进行认知，而是将其分解为无数个细小的模块，之后再将其组装起来。通过将所有的东西进行分解，从而将控制变得更为方便，这是数字化最大的优势。

"模拟"将重显其价值

人类脑神经的信息传达速度，和超级计算机相比的话实在是慢得惊人，换算成秒速的话，最多是几米到几十米。虽说如此，但人类的能力远远优于超级计算机的情况并不少见。也许，在人类的大脑中存在着令人惊叹的高效模拟控制系统。

如果拘泥于数字技术的框架内，那么即使比现在的计算机效率高、损耗低，且符合人类操作习惯的"数字时代后期"的技术，恐怕也会在某个时间点遇到无法翻越的障碍。终有一天人们会觉得："数字技术已经到此为止了。虽然人类的梦想还有很多，但是停留于数字思维方式的延长线上是做不到的。"

我认为到了那个时候，专家们可能会站在与现在不同的角度重新审视"模拟"的存在，其成果也许会以与现在的 IT 产业和完全不同领域的生物科技或生命科学相结合的形式得以实现。

提起生物学和信息科学的结合，也许有些读者脑海中会浮现出生物信息科学（bioinformatics）这个概念。过去，我投资过与此相关的制药企业，那时我就感觉到，凭借现存计算机拥有的计算能力，以数学的方法解开核苷酸排列、蛋白质构造以及进化模型等生物学课题的生物信息科学，很明显是力不从心的。

遇到有 n 个变数的问题，则需要解开 n 次的方程式。但事实是，在大多数情况下，大家都在用尽量少的方程式求得近似的解。更何况，在生物界充满挑战的环境中，其变数的次数也是随着时间而变化的。用数字的思维模式去涵盖这种不可预知的状况是极其困难的。

那么"模拟的思维模式"又是什么呢？

请诸位想象一下过去孩子们经常用小型模拟电路做成的收音机就容易明白了。如果使用现在的数码技术来制作，其配线会变得复杂，更重要的是能量的消耗会大得惊人。那么，为什么一定要使用"败家子"的数字技术，并消耗铜等大量价格高昂的原材料呢？那不过是因为数字技术可以被人类简单地操控罢了。

而使用模拟技术的收音机和通信设备，就像驯化小动物一样，刚觉得它心情不好发出一下奇怪的声响，之后就不说不动什么声音都没有了。这时候你左摇一摇右敲一敲，想办法哄哄的话应该还可以继续使用。模拟时代的电视也是一样，有时屏幕可以启动但出现的画面是扭曲的，画面看不清之类的情况也经常发生，调教这些老式电器，实在是需要一些窍门的。但是，如果有一种技术可以精确地控制模拟设备，那就没必要强求使用消耗巨大能量的数字技术了。我认为，开发模拟控制技术的关键，应该隐藏于生物结构之中。

现阶段还无法知道生物所拥有的模拟控制技术的机理，当然也不能将其应用于工业制品的生产。假如能够解释复杂事物的复杂性科学得到进一步发展，那么我觉得终将有一天模拟控制会变成"可使用的技术"。

到那时，我们就会迎来一个新的时代，人们将使用比现存的数字技术更节能、更高效的手段实现自己的梦想。我一直通过"原氏综合智能通信系统基金"，与那些具有前瞻性的研究保持着密切的接触（如图 16）。

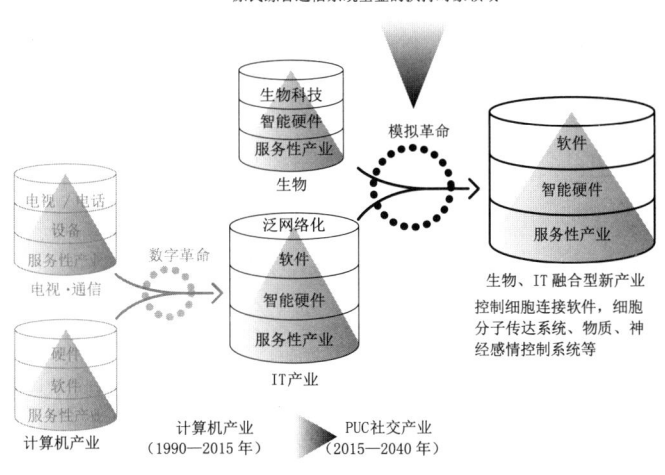

图 16 原氏综合通信系统基金的扶持对象领域

2007 年版后记　展望 21 世纪

　　能够创造新产业，让国家经济更加富足的根本力量只有"新技术"，除此之外再无他法。本书的各位读者，如果能对此观点稍作理解，我将倍感荣幸。增加新的就业机会，创造更加富足的生活，这些只有靠新技术催生的骨干产业才能得以实现。

　　但是这本书中写的内容真的能够实现吗？

　　也许会有读者一边看一边就产生了这样的疑问。我可以自信地宣告：我在书中提到的各种各样的抱负及提案，全部基于自己的实践，没有空洞的"纸上谈兵"和"遥不可及的梦想"。

　　Alliance Forum 基金会从 2000 年即开始实施"新十年规划"，以创造后计算机时代的新兴骨干产业为目标，开展了各种各样的活动，其核心抱负就是"用技术改变世界"。

　　我的目标是在日本培养和扶持后计算机时代的新兴产业，让日本以新时代骨干产业技术担当这一角色，成为发达国家团队中备受重视的一员，同时要利用这样的技术，成为解决发展中国家贫困问题的领导者。此外，新兴骨干产业的出现会扩大经济总量，即使降低税率，法人税的总额也会增加，国家财政会因此受益。

要让日本成为发达国家中所得税、法人税、居民税等缴纳税费最低，同时又很富足的国家，绝不是政治家那种"画饼充饥"的空口承诺能实现的。为实现这个目标所必须完成的事情，其路径和方向我已经看得清清楚楚。

我认为已经有很多人隐隐约约地感觉到：如果还像以前一样单纯地依靠大企业，是不会出现新兴的骨干产业的。在年轻人中，在拥有梦想的人中，在中小企业之中，一定隐藏着能够实现这一目标的萌芽。发现它并且培育它，这是我最强烈的心愿。

为了实现这一点，首先要找到有潜力振兴新时代骨干产业的技术，这种技术必须是能够将影响力波及各个行业的"核心技术"，之后必须再为这个技术搭建一套新的体制，让资金源源不断地投入其中。我在第三章中所提到的创业资本正是为此而设计的，绝不是我一时兴起而写出的。2007年，我们将为此踏出第一步。通过我自己率先实践的商业模式，我相信在不远的将来，在日本就能够看到成功的事例。

我在第四章提到的发展中国家的项目也在稳步进行中。

为了摆脱贫困，要特别重视解决医疗与教育领域的问题。后计算机时代所产生的新技术要尽早实现市场化，以此高效而积极地解决发展中国家的贫困问题。孟加拉国的"黑网"项目，就是这种尝试付诸实践的第一个案例。今后，这个项目将在亚洲、非洲、中南美洲诸国开展。

和联合国的合作项目也在稳步有序地进行。近期将在日本成立的"联合国实习生和学者协会（WAFUNIF）日本亚洲协会"，会向联合国各机构、世界银行等国际机构以及发展中国家的民间项目选派人才，培育能够解决各种世界难题的国际化人才。此外还计划开设教育机构，以培育未来支援发展中国家的中坚力量。

新科技的产生及其市场化会创造新的时代。就像我在本书中反复阐述的那样，我们必须创造一套与新时代相契合的企业治理体制。这个体制不仅仅是让日本再次成为"经济大国"的工具。在此体制中，培养新时代人才的任务能否着力实施，是关系到日本成为受到全世界所重视的、真正意义上的富足国家的目标能否实现的问题。我愿意通过这个挑战，为实现"没有贫困的富足世界"这个理想，多多少少做一些自己的贡献。

以理想的社会为目标，培育人们所需要的技术，按照必需的形式调整制度与组织结构——这是我作为实业家同时也是作为风险投资家一直以来所贯彻实施的，也是今后将继续进行下去的工作。有一些事情的实现可能需要花费很长时间，但是从现在开始，我准备把本书中所写的事情一一去实践。

最后想说的是，本书的出版得到了诸多先生的帮助。平凡社的西田裕一先生把我在20年间所写的数量庞大的评论、发表的文章、提案全部阅读完毕，并为本书定下主旨。在此基础上胁坂敦史先生与我多次讨论、交换意见，定下了初稿的基本形态。

之前虽然也多次有过出版计划，但都由于不能准确地传达我的真实想法，最后都中止了。这次有幸遇到两位，使本书得以出版。在草案的基础上，为本书绘制插图的松冈裕典先生；在本书编辑过程中，阅读原稿并为我提供宝贵意见的针谷朱美女士；为我组织读书会的竹田茂先生；还有许许多多帮助过我的人，我从心底感谢你们。

最后感谢我的父母与家庭，我能取得今天的成绩得益于你们。"人原本不持一物，生而为人，受父母恩惠，得恩师教诲，走向社会，赋予天职。天职无贵贱之别，人生命有限，自当竭尽全力，有所建树……诚心实意，躬身践行。这是我的经营信条。"这是外祖父留下的教诲，我把它当作座右铭，将其贯彻到我一切工作之中。

没有任何事情有捷径可循，唯有坚持，脚踏实地。为了建立一个真正美好的世界，让我们共同踏出这一步吧！

2007 年 5 月　于旧金山

后记 >>>

备有100国语言解说的
原氏铁路模型博物馆

2012年7月，在日本"铁路的发祥地"横滨，原氏铁路模型博物馆开业了。这家博物馆，展示了我父亲原信太郎制作和收藏的铁路模型。我们精选了大约1000辆火车模型，是全世界最大规模的铁路模型博物馆。

我父亲制作的铁路模型，不仅忠实地再现了火车实物的外形，而且具有以下三大特点：一是使用铁质轨道和铁质车轮，可以发出与火车实物相同的"行驶音"；二是为了实现与实物电力火车同样的"惰性"行驶（在列车加速后，关闭发动机电源，仅靠惯性行驶），在模型上制作并组装了与实物相同的驱动齿轮；三是采用与实物相同的架线通电（通过车顶架线杆通电）方式，完全仿真。

父亲于1919年出生在东京的芝*，后来成为了非常优秀的技术人员和

---

* 地名，位于东京都港区中东部。——译者注

发明家，对他来说铁路就是他的人生。不用说，我受到父亲的影响，很早就成为喜爱铁路的少年，并且在不久后就开始帮助父亲进行铁路模型资料的收集、分类整理以及铁路场景的拍摄等辅助性工作。当时父亲教给我的机械、电气系统和车辆控制的知识，对于今天的我来说都是非常宝贵的精神财富。不论是年轻的时候去欧洲或中美洲，还是 50 岁以后作为联合国的政府间机构代表访问非洲，我都忘不了帮父亲的铁路模型制作收集资料。20 岁的时候，正是在铁路旅行的途中，让我在萨尔瓦多与考古学发生了命运的相遇。

在有关开设原氏铁路模型博物馆的过程中，我跟家人商量了三件事。第一件事是在博物馆内开设一个教孩子们制作铁路模型的教室。在铁路模型中，集合了机械、电气和控制工学等各种技术，我觉得，一定要给承担下一代重任的孩子和年轻人提供一个场所，让他们能够亲手制作经过了自己分析研究的、可运转的模型。在这一过程中，他们会体验到凝聚了时间和心血的"制作的美妙"。第二件事是争取让以发展中国家为对象的官民铁路会议在博物馆召开，把博物馆变成日本对外铁路基础设施出口的根据地。

而最后的第三件事，也许是最费力最耗时的，那就是，我希望博物馆的解说，不仅是日文、英文、法文和中文，而是准备 100 种语言的版本，让尽可能多的人在这里能听到母语的说明。不过，关于这个想法，大家提出了很多意见。

有人说，即使有说尼泊尔语或他加禄语的客人，或者说通布图语（在马拉维、赞比亚、坦桑尼亚等国约有 200 万人使用）的参观者来到博物馆，这些人肯定会英语或者法语，所以没必要把他们母语的解说词也准备出来吧。这种意见虽有其合理性，但是我觉得完全不对。

在本书中我强调过，21 世纪是多样性及多元化的时代，而且在后计算机时代，应该会有具备强大的同声传译功能的手机诞生。所以在这样的时代，重要的不是会说"半吊子"的英语，而是如何用母语准确地表达自己的想法。

从今往后的时代，是承认所有的文化和传统以及语言的差异，并在理解了这些差异的基础上表达自身价值观的时代。从扩大殖民地的帝国主义时代，到从第二次世界大战后持续到 20 世纪末的美国独大的时代，英、法等西欧诸国和美国单方面决定了文化的优劣，强制推行"西欧的民主主义和资本主义是优秀的文化，所以你们也要采纳""因此一定要用英语、法语"等主张。这些所谓的旧宗主国和美国之所以能如此行事，源于它们在经济和军事领域都拥有压倒性的力量。我在第四章讲过，21 世纪将成为由发展中国家引领世界经济，而现在的所谓发达国家只能在后面追随的时代。在这个时代，语言、文化、宗教都会多样并存，从事商业活动的人都会认可其差异的存在，而单方面地把价值观强加于人是行不通的。

如果有客人从亚洲或非洲的小国家到访日本，在完全没有预料的情况下听到了母语的解说，该是多么感动啊！我想他一定会为此而喜欢上日本的。为了达到这种效果，最少也需要准备 100 种语言的解说。这对于一家小博物馆来说绝不是一件简单的工作，但是我决心一定要予以实现。

从 2000 年前后开始由 Alliance Forum 基金会主导的"对新资本主义的探索"作为公益资本主义的理念逐渐在社会上引起越来越大的影响。

三菱化学控股的小林喜光总经理，曾经阅读了本书的初版，将公益资本主义的哲学结合到他独创的"身心愉悦的经营"思想中，并据此制定了 MOS（management of sustainability，即可持续管理）的经营指导方针，在三菱化学、三菱树脂、三菱人造丝等集团企业中予以实施。2009 年日本效率协会实施的调查显示，有 80％以上的执行董事和新任董事都赞成公益资本主义的看法。

伊藤洋华堂的创业者、7-11 集团名誉会长伊藤雅俊先生也一直在热心地关注公益资本主义的发展。日清食品控股的安藤宏基总经理在接受《日经商业志》的采访时（2012 年 12 月 3 日刊发）表示："在今后的企业经营中吸收公益资本主义的考量。"东丽集团的日觉昭广总经理也曾经说过："与盯着资本获利的欧美不同，日本是公益资本主义。"丰田汽车的丰田章男总经理在 2012 年的电视采访中回答称："丰田是公益资本主义的经营。"持相同理念的还有三谷产业的三谷充会长、住友精密的神永晋前总经理等，认可公益资本主义的经营者在日益增多。

公益资本主义在经济界的影响日益扩大之后的 2013 年，日本政府设置了命名为"关于理想型市场经济体系的专业调查委员会"的经济财政咨询会。这个调查委员会的主要目的是，要求企业的经营不以股东为核心，而是要在中长期的时间跨度内创造价值，并将利益还原给包括员工、顾客、商业伙伴、周边区域乃至全球在内的利益相关者；同时要求企业不进行短期的投机，而是重视中长期的投资，以实现可持续性成长的市场经济体系。调查委员会将明确这一体系，并向全世界发出这个倡议。

把日本的变化引领为改变世界的巨大潮流，我会更加努力地去实现这一点。

本次的修订发行，在诸多先生的支持下得以实现。

首先提出修订方案建议的是平凡社的西田裕一先生。如果没有西田先生敏锐的大世界观，这次的修订是无法实现的。与 2007 版相同，与我多次讨论文稿内容并负责为本书排版的是胁坂敦史先生，负责图片订正和排版的是松冈裕典先生。

为了本书的完成，平日与我一起工作的各位同仁，也都各尽所长对我进行了支持，谨记下他们的名字以示感谢。

在 Alliance Forum 基金会中，理事中内绫女士和鸟井信吾先生（三得利控股公司副总经理），顾问山田邦雄先生（乐敦制药法定代表人、会长）和松浦功先生（美西银行董事顾问），执行董事森淳一郎和加藤洋先生，一直负责基金会中心业务的松上纯一郎先生、打田郁惠女士、村上纯子女士、大田裕美子女士、齐田壮一郎先生，负责扶贫性小额贷款研修的野宫阿丝美女士，担任宣传的伊野仁文先生和岩渊智广先生，担任秘书的西方久美子女士，负责管理部门的加藤厚子女士、铃木伸一郎先生、星野高先生，负责孟加拉项目的牧本次郎先生和负责赞比亚项目的中村明子女士。Defta Partners 的渡边恭子女士、矶野昌英先生、熊地叔子女士、横山彰彦先生、石仓泰罗先生、清水理惠女士，担任监察董事的三谷充先生，担任社外董事的神永晋先生，原氏铁路模型博物馆副馆长原健人先生（Data Control 公司总经理）以及负责了很多项目的启动，并从构想期就一直参与铁路模型博物馆规划和建设的馆长助理针谷朱美女士。

虽然无法一一列举所有帮助过我的友人，但是必须承认是他们的支持才有了今天的这本书。很高兴本书能以新的面貌与读者相见，深致谢意。

有关市场万能主义的问题之所在，我从 Alliance Forum 基金会公益资本主义研究部门的主任研究员，同时也就任京都大学研究生院理学研究科的青山秀明教授那里得到了很多参考和建议。

为了本次的修订，我针对有关发展中国家的事业以及公益资本主义的课题加强了理论思考，在有关这些问题上积极与我对话、在某种意义上可以称为我的恩人的三位先生的名字，在此我要特别记录下来以示感谢。他们是：赞比亚第一任总统、被称为"南非六国国父们的父亲"的肯尼斯·

卡翁达（Kenneth Kaunda）先生，以及欧姆龙的创业者、已故的立石一真先生。此外，公益资本主义的想法能够在我的内心自然孕育，我至今都认为是国誉公司创业者黑田善太郎先生对我的影响。我谨在此向三位杰出的老前辈表达深深的敬意和感谢，并以此作为本书的结尾。

正是因为双亲才有今天的我。我感谢双亲从小就教给我善恶的判断标准，严格却又温情地将我培养长大。在我不找工作而是选择了考古时，在我第一次创业时，双亲一直在担心地关注着我。我发誓，只要我的生命存续，就要报答他们的恩情。我创业后失败了很多次，能够让我越过艰难并继续前行的，不仅是使命感，更有家人和朋友的鼓励和支持。

最后，要对一直关爱我健康的家人献上最高的感谢。你们，是我力量的源泉。谢谢。

2013 年 8 月　于旧金山

原丈人

译后记

合上《增补 21 世纪国富论》，掩卷长叹，作者原丈人先生的先见之明的确是高屋建瓴。他在 2000 年前后开始构思且参与投资和技术开发的 PUC 系统，不正是今天在全社会普及的社交网络吗？再看看先生反复强调的"公益资本主义"，我不禁感慨，这位原先生，简直就是活跃在平成时代的坂本龙马啊。

1989 年是平成元年，这个时代的开局很不顺利，基本是与泡沫经济的崩溃同时开始的。其经济衰退中最具代表性，也最让人惶恐不安的就是无法抑制的股价下跌。日本的股价自 1989 年 12 月 29 日史上最高值的 38916 日元，一路下滑到了 2008 年 10 月 28 日的 6995 日元，不到 10 年时间，跌得连 20% 都不剩了。

股市和地价的暴跌给平成初期的日本经济造成满目疮痍，日本在昭和时代高歌猛进的经济增长奇迹已经走到了尽头，而从此应该何去何从却没有人敢下定论。

就是在这一时期，日本的媒体和有识之士开始频繁地提到"坂本龙马"，似乎只有这位大豪杰的再现才能拯救命悬一线的日本经济。坂本龙马是生活在德川幕府末期的武士，他不仅是一位成功的商人，同时也是罕见的革命志士，仅凭一己之力就推动了日本明治维新的历史进程。

也许是坂本龙马唤醒了平成时代的斗志，在平成的 30 年间，日本的经济增长不仅修补了泡沫经济崩溃留下的残局，将股价恢复到 22000 日元的水准，而且低调地完成了产业结构调整，将"看得见的日本制造"变为"看不见的日本制造"，主动放弃白色家电等制造业，大力扶持基础研究及高科技材料，逐渐变身成为"真正被世界所需要的日本"（这是本书作者的目标之一）。在这个过程中，起到关键作用的，正是那些奉坂本龙马为精神领袖的日本企业家们。

说起来，本书作者原丈人先生的人生经历和坂本龙马真的很像，不仅是出身的家世背景、留学经历，就连作为商人的独到眼光和心怀天下的气魄也都宛若同门。

与坂本龙马出身于高知地区的富豪之家相似，原丈人先生也出生于富裕的商人家庭，他的外祖父黑田善太郎是国誉公司的创始人，父亲原信太郎先生也是小有名气的资产家。虽然是富二代，但不是游手好闲的纨绔膏粱，坂本龙马和原丈人都拥有旺盛的求知欲和大胆的挑战精神。

在千叶道场毕业后担任教头的坂本龙马放弃武学，立志航海贸易，为了积攒考古经费的原丈人则立志在硅谷从事风险投资。那是在 1980 年，苹果和微软也不过才刚刚起步，原丈人就已经敏锐地觉察到了世界经济的发展趋势。出身富裕的商人家庭是有一些好处的，不用为一茶一饭拼杀的从容，使得他们对"风物长宜放眼量"的理解更深刻。

说到"心怀天下"，这原本也是日本企业家共通的特点，但就其炽烈程度而言，本书作者原丈人先生实在有资格与坂本龙马齐肩，并称翘楚。别的不提，如同龙马以《船中八策》为明治维新定下前进方向的基调一样，原先生在本书中用超过一半的篇幅苦口婆心地对日本的未来，甚至对资本主义制度的未来都提出了详尽的改革蓝图。如此气魄，仅以公司上市为人生终极目标的创业者们是望尘莫及的。

本书虽然初版于2007年，再版于2013年，但因为它具有卓越的前瞻性，所以对于今日的中国经济依然具有重要的参考价值。其中"软银、乐天不是IT企业""风险投资公司已死"等章节可以给现在的互联网泡沫降降温，同时，原先生对"高附加价值产品"和"知识型工业产品"的关注、对"制造"的执着应该也可以为中国的产业方向调整提供一些参考。

本书翻译团队人员包括：陈咏梅（前言、第一章、后记）、张羽（2007版前言、第三章、2007版后记）、唐晓可（第二章、补论）、里欣（第四章）、詹凌峰（第五章）；全书的精修、校对、统稿由陈咏梅负责，杨德培、尹端毅参与；裴宏、陈咏梅最后定稿。国家行政学院出版社的同志们为本书出版做了大量工作，在此表示衷心感谢。

2022年仲夏　北京
《增补21世纪国富论》翻译团队